Ma chérie, il manquait trois minutes de cuisson pour que ton gratin soit parfait.

Réflexions sur le management
Tome 1

Edition : BoD - Books on Demand
12/14 rond-point des Champs Elysées, 75008 Paris
Impression : Books on Demand GmbH, Norderstedt, Allemagne
ISBN : 9782322076482
Dépôt légal : April 2016

Romain Rouillier

# Ma chérie, il manquait trois minutes de cuisson pour que ton gratin soit parfait.

## Réflexions sur le management
## Tome 1

# Préambule

Et vous, qu'en pensez-vous ?
Bonnes réflexions.

Chaque chapitre de ce livre se conclut par cette question et cette invitation.

Le point de vue retenu est de provoquer la réflexion par une question pour réagir à chaud et une invitation pour cogiter tranquillement. Vous ne trouverez pas de théorie ancienne ou avant-gardiste, pas d'analyse, pas de grille de lecture, et encore moins de mode d'emploi sur le management.
Il ne vous apprendra rien…Mais nous espérons qu'il vous offrira l'occasion de penser ou repenser à votre vie de manager.

L'ordre des chapitres suit la chronologie de leur diffusion à nos clients, nos participants et nos contacts. Vous pouvez piocher au gré de vos envies et de votre humeur.

Pour lire un chapitre en rapport avec un centre d'intérêt particulier, nous proposons à la fin de ce livre un index thématique.

Puisque nous vous posons une question « Et vous, qu'en pensez-vous ? », n'hésitez pas à nous faire part de vos remarques, vos réflexions ou interrogations à romain.rouillier@form-action.com Nous serons heureux d'échanger avec vous.

Nous vous souhaitons une bonne lecture !

# 1

# Le conte des moyens

Il était une fois, dans un pays pas si lointain, une petite entreprise. Elle se développait dans un environnement prospère – qui a chanté « Youpplaboum » ? - où régnait la paix. On y avait oublié depuis longtemps les guerres, les famines, les épidémies. Il subsistait, bien sûr, des poches de pauvreté. Certaines années étaient moins florissantes que d'autres. Alors, on parlait de crise. Mais, globalement, les conditions de vie y étaient plutôt bonnes.

Et pourtant, le matin en arrivant, le directeur de cette petite entreprise regardait le chiffre d'affaires et ne pouvait que constater qu'il n'était pas bon … Et chaque jour un peu moins.

Les produits n'étaient pas en cause. Sans être révolutionnaires, ils répondaient aux attentes des clients et était bien positionnés face à la concurrence. Un lundi matin – le week-end porte conseil-, le directeur décida d'observer discrètement les collaborateurs des bureaux et de l'entrepôt … Peut-être que cela l'aiderait à comprendre les raisons de cette inquiétante situation.

Malheureusement, il n'apprit pas grand-chose. Quelque chose, toutefois, le turlupinait. Une impression bizarre, comme un malaise. Repensant à ses déambulations dans l'entreprise, il comprit : « Les gens ne sont pas heureux dans mon entreprise, les visages sont fermés, on sent une tension, cela manque d'enthousiasme. Et si moi je le ressens, que dire des clients ? On n'achète pas grand-chose à des fournisseurs tristes et pessimistes…Mais que faire pour améliorer l'envie, le plaisir de travailler de mes collaborateurs, et de surcroît le CA ? »

Et là, une idée géniale germa dans son esprit : « Je vais réaliser une enquête sociale pour permettre à mes employés de s'exprimer. Je vais leur demander ce qu'il faudrait mettre en place pour améliorer les choses. Et en bon patron, je le ferai ! ».

Il prit donc contact avec un consultant –déjà à cette époque lointaine, les consultants existaient et prospéraient … c'est une race très coriace à la redoutable faculté d'adaptation – pour organiser son enquête sociale. Après des journées de travail, de rencontres, d'écriture … le résultat était là : un document parfaitement ficelé. Du bel ouvrage … de consultant.

Il trépignait, notre directeur, en attendant de lire les résultats de l'enquête sociale : « Je vais enfin pouvoir donner satisfaction à mes collaborateurs et des collaborateurs satisfaits font des clients satisfaits » Il faisait parfois preuve de sagesse, notre bon directeur. Parfois, mais pas toujours.

Voici ce qu'il lut : les employés de l'entrepôt se plaignaient de devoir travailler dans un silence monacal. Ils demandaient que l'on sonorise leur lieu de travail. Ainsi, pensaient-ils, il y aura une meilleure ambiance … Ne dit-on pas que la musique adoucit les mœurs ?

Les employés de bureau réclamaient la climatisation. L'été, la chaleur étouffante écrasait les bonnes volontés et ralentissait le travail. « Avec des bureaux climatisés, nous serons plus fringants », disaient-ils.

Et tous étaient unanimes pour dire que le restaurant d'entreprise était mauvais. Il n'y avait que deux plats au choix et des menus peu variés. Un bon repas le midi, varié et équilibré, renforcerait la convivialité et donc la bonne entente entre collègues. Le moral des troupes est souvent au fond de la gamelle, paraît-il !

« Soit ! Qu'il en soit ainsi » déclama le directeur, « Faites venir une entreprise de climatisation pour les bureaux, un spécialiste de la sonorisation pour les entrepôts, et lancez un appel d'offre pour trouver un meilleur prestataire de restauration. »

Ainsi fut fait. Quelques semaines plus tard, une douce musique flottait dans les entrepôts, une température parfaitement contrôlée enveloppait les bureaux, et, cerise sur le gâteau, le nouveau prestataire de restauration proposait non pas deux, ni trois, mais quatre plats au choix chaque jour !!

Le rêve, non ?

Bien sûr, tout cela coûta fort cher à l'entreprise mais le directeur ne regrettait rien : « Je suis un bon patron, j'ai écouté mes employés et répondu à leurs attentes. Je ne devrais pas tarder à être récompensé de mes investissements».

Les jours suivants, il scruta attentivement les chiffres. Aucune inflexion. « C'est normal, il faut du temps pour que l'on ressente les effets positifs. Paris ne s'est pas fait en un jour ! » Les semaines passèrent …et toujours aucun progrès.

« Que se passe-t-il ? » se demandait-t-il. « Je vais aller déambuler dans les locaux pour voir si l'ambiance s'est améliorée ».

Et quelle ne fut pas sa mauvaise surprise : dans les bureaux, les employés se disputaient pour décider si on devait régler la température à 19 ou 21°C, d'autres se plaignaient du ronflement incessant de la ventilation, d'autres encore fustigeaient les courants d'air dans le cou qui les rendaient malades et donc absents.

Pas mieux dans l'entrepôt où on n'arrivait pas à départager les adeptes de Boum-Boum FM et les partisans de RTL – Radio Top Loose-. Quant à savoir si le volume devait être réglé à 5, 12 ou 18, cette épineuse question était loin d'être résolue. Et bien sûr, certains préféraient « comme c'était avant ».

« Sera-t-on sauvé par le restaurant d'entreprise ? » se demanda le directeur. Hélas, il n'entendit que des critiques : « Le personnel n'est pas agréable », « La fraîcheur des produits discutable », « et puis, moi je voulais des yaourts avec des morceaux de fruits, pas des yaourts aromatisés ».

Finalement, cette débauche de moyens n'avait non seulement permis aucune amélioration, mais avait au contraire aggravé la situation !

Le directeur, honteux et confus, jura, mais un peu tard, qu'on ne l'y prendrait plus.

Morale de cette fable :

D'abord, dans toute entreprise –commerciale, sportive, associative, etc. – la réussite est avant tout la conséquence de la motivation des acteurs, et ce bien avant les conditions matérielles. On peut faire beaucoup avec très peu de moyens, si l'on a des gens motivés et passionnés. La construction de l'Hermione en est un exemple lumineux. Soyons chauvins ! Même la plus belle entreprise, la plus moderne et la plus performante, ne tournera jamais rond  avec des hommes et des femmes démotivés, « désimpliqués » et dépassionnés. Je vois tous les jours  dans les entreprises : des collaborateurs passionnés par leur métier, le projet, les clients et qui réussissent dans des environnements de travail un peu austère. Mais ils ne sont pas motivés, impliqués et passionnés naturellement…Ils sont le reflet de la motivation, de l'implication et de la passion de leur manager.

Ensuite et surtout, il nous faut être attentifs aux demandes de moyens luxueux. Comprenons-nous bien : luxueux ne s'entend pas au sens commercial habituel dans notre société –Gucci, Vuitton, Chaumet, Porsche… – mais au sens plus étymologique –

ce qui est superflu et ne relevant pas d'une stricte nécessité pour réaliser sa mission. Comme de la musique dans l'entrepôt...ou une cafetière « What else » plutôt que la machine à café ancestrale mais fidèle.

Il nous faut y être attentif, car ces demandes nous disent autre chose. « Je ne me sens pas reconnu dans mon entreprise ; mes efforts, mes progrès et mes résultats ne sont pas regardés et valorisés ; j'ai l'impression de travailler dans le vide. En dernier recours, si l'entreprise accepte de dépenser de l'argent pour moi, c'est que je compte quand même un peu. Je vais demander (rayer les mentions inutiles) – un nouvel ordinateur portable – un nouveau smartphone – une nouvelle imprimante – une nouvelle voiture de fonction – une augmentation – un bureau plus grand – un bureau plus grand avec du parquet – un bureau plus grand avec du parquet et deux fenêtres-... » (Tiens, vous n'avez rien rayé !)

Ces demandes nous disent que nos collaborateurs ont besoin d'être regardés quand ils investissent leur temps, leur énergie et leurs compétences. Certains un peu...et pas trop souvent...D'autres beaucoup et fréquemment...Mais tous, nous avons besoin d'un regard de Vie de notre manager.

Nous faisons toujours ce que nous faisons pour exister dans le regard d'un autre. Ou de plusieurs autres. Observons simplement l'explosion des publications sur les réseaux sociaux comme par exemple le « troncholivre »: « J'ai réussi ma tarte au citron », « J'ai monté ma bibliothèque Ikea en moins de trois jours, sans me blesser ni blesser personne » « Regardez la photo de mes enfants, je les ai bien réussis, non ? » « La médaille autour du cou, je ne l'ai pas achetée...je l'ai gagnée en courant le marathon de Paris ». Et si nous les diffusons, c'est que notre besoin d'être « likés», félicités, valorisés, encensés, idolâtrés, vénérés, applaudis...est essentiel...Même si souvent nous n'aimons pas trop l'admettre : « Pour les autres « oui », mais moi je suis au-dessus de ce besoin primaire ! »

Dans l'entreprise, cet autre dont nous espérons ce regard de reconnaissance, c'est notre manager. Et si nos collaborateurs ne le perçoivent pas, la liste au Père Noël ne fera que s'allonger...sans apporter une once de performance durable.

Et vous, qu'en pensez-vous ?
Bonnes réflexions

# 2

## Cent fois sur le métier

Jean-François est depuis deux ans le directeur général de Jointex, entreprise de 250 personnes donc l'activité est la production et la vente de joints. Pas les cigarettes interdites qui font rire et nous liquéfient. Bien au contraire, les joints fabriqués par Jointex permettent d'assurer l'étanchéité. Ronds, carrés ou ovales, en papier, en silicone ou aluminium, de quelques centimètres à plus de 5 mètres de diamètre, de trois microns d'épaisseur à des centaines de centimètres… La gamme est large et en constante évolution pour répondre aux besoins des clients. Les utilisations sont nombreuses et variées : assurer l'imperméabilité des centrales nucléaires, le bon fonctionnement du train d'atterrissage de l'A380, le rendement optimum d'une machine-outil ou de notre lave-vaisselle. La concurrence est presque aussi nombreuse que le sont les applications. Heureusement pour Jointex, celle-ci est avant tout asiatique et leur capacité à livrer vite, en petite série et sans défaut n'est pas encore suffisante. Aussi, pour Jointex, le respect de l'engagement pris sur le délai entre la signature du bon de commande, la livraison chez le client et la conformité au micron près par rapport au cahier des charges sont-elles les raisons essentielles de la fidélité des clients et du choix des prospects pour oser une première commande.

Le premier jeudi de chaque mois, Jean-François réunit une ribambelle de directeurs : commercial, production, ressources humaines, financier, informatique, recherche et développement. C'est le sacro-saint CODIR, durant lequel les chiffres sont regardés, analysés, commentés, les investissements évoqués et parfois décidés, les dépenses scrutées, les embauches gelées ou relancées, les stratégies proposées et affinées… Bref, ça bosse dur !

Mais Jean-François a les pieds sur terre, quelques certitudes et une vraie passion pour les deux métiers de l'entreprise : la production et la vente. Il sait que la bonne santé de Jointex est avant tout liée à la qualité du travail des opérateurs et des vendeurs. Comme il le dit souvent en plaisantant – mais pas tant que ça, en fait !- aux managers et aux employés des services supports : « Vous, vous coûtez de l'argent, eux en rapportent ! ». Il y a deux ans, en arrivant, il avait demandé à la directrice commerciale et à la directrice de la production quelle était la différence entre un bon et un mauvais opérateur, entre un bon et un mauvais vendeur. La directrice commerciale, Isabelle, l'avait alors bombardé d'indicateurs tous plus pertinents les uns que les autres, mais tellement nombreux qu'aucune réponse compréhensible à sa question n'en ressortait. Quant à la directrice de production, Virginie, elle s'était sortie de ce mauvais pas en s'inspirant du sketch des Inconnus dans lequel ils devaient répondre à la même question : « C'est quoi la différence entre un bon et un mauvais chasseur ? » « En gros et pour faire simple, le bon opérateur fait des choses que le mauvais fait aussi, mais le bon…il est bon. Voilà, voilà ! »…avait-elle déclaré, mi-amusée par son culot, mi-gênée par son incapacité à proposer une réponse précise.

Jean-François, au vu des non-réponses, avait organisé une réunion de travail visant à discerner les deux indicateurs essentiels de chacun des deux métiers de l'entreprise. Suite à de longues discussions, ils avaient fini par se mettre d'accord sur les deux indicateurs suffisants par métier, qui à eux seuls permettaient de mesurer la performance individuelle. L'un quantitatif, l'autre qualitatif. Pour les opérateurs : le nombre de pièces usinées (calculées en appliquant un coefficient en fonction de la difficulté et du temps imparti pour chacune d'elles) et le taux d'acceptation des commandes suite au contrôle qualité du client. Pour les vendeurs : le nombre de rendez-vous prospects/clients et le CA généré.

Depuis, avant chaque CODIR, Jean-François demande à Isabelle et Virginie de l'informer selon les quatre indicateurs des deux meilleurs contributeurs du mois. Le meilleur à la production et le meilleur à la vente. Le meilleur contributeur de chacun des deux métiers de l'entreprise. Jean-François se fait un plaisir de personnellement les inviter au CODIR. Et le CODIR commence invariablement par l'accueil des deux meilleurs joueurs du match du mois précédent. Pour l'opérateur, ce n'est pas trop difficile. Il est juste en dessous de la salle de réunion du CODIR, dans l'atelier. Pour le vendeur, c'est parfois moins simple…Il peut être à plus de 800 km. Mais Jean-François est intransigeant. Il sait l'enjeu de cette rencontre avec ceux qu'il appelle presque sans rire « mes héros ». L'objectif de leur présence n'est ni de singer une émission de jeu télévisé où le gagnant se voit gratifier d'une standing ovation pour avoir réussi la prouesse de trouver, au gramme près, le poids d'un camion et de son chargement de rouleaux de réglisse avec le bonbon au milieu, ni même d'inciter à une compétition malsaine et « collèguicide » (comme fratricide, mais entre collègues). L'objectif est triple : se redonner des certitudes sur les leviers de performance  (encore plus lorsque le joueur est éloigné d'un management pouvant le regarder faire son métier), capitaliser sur des savoir-faire immédiatement opérationnels car duplicables facilement pour un  progrès sensible, et remercier les contributeurs essentiels.

Chacun des deux collaborateurs est d'abord félicité pour sa performance, puis écouté sur la manière dont il a réussi. Bien souvent, l'implication et le suivi des process techniques et commerciaux sont les vraies raisons de la réussite. Mais appliqués avec un peu plus de conviction, un peu plus de rigueur que les autres qui, à expérience égale, pourraient obtenir le même niveau de résultat. Parfois, à l'écoute du récit, on peut entendre une innovation, pas grand-chose, un petit truc, mais qui a permis de gagner quelques secondes par pièces, de générer quelques euros de plus par commande. Un petit quelque chose que le vendeur ou l'opérateur lui-même n'avaient pas conscience d'avoir fait, mais qu'une question d'intérêt du DAF ou du directeur informatique a permis de mettre à jour. Une bonne question généralement…Emanant d'un spectateur un peu naïf car éloigné du métier de la production et de la vente. Mais une question qui permet de mieux comprendre, d'expliciter ce qui paraît évident mais qui, bien souvent, ne l'est pas tant que ça. Ce basique de plus, ce micro-process, Jean-François veillera à ce qu'il soit mis en sécurité dans un référentiel métier mais surtout annoncé, expliqué, exigé et piloté auprès des autres collaborateurs.

Parfois, l'opérateur du mois, le vendeur du mois…, un peu impressionné, n'arrivera pas à expliquer le pourquoi de son succès. Il se contentera de dire : « C'est normal, je suis payé pour ça ». Ou de le minimiser : « C'était des pièces faciles à usiner », « Les clients étaient de bonne humeur ». Alors, Jean-François, Virginie et Isabelle se contenteront de ce récit approximatif, mais ne manqueront pas de le féliciter en faisant un lien certain entre sa rigueur, sa discipline dans l'application des process et son excellente performance.

Jean-François a un talent. Celui de maintenir ce rite lors de ses CODIR. Les ordres du jour sont toujours sans fin et il serait facile de supprimer la réception des « deux héros » du mois. Pas toujours…Juste une fois…Puis une deuxième. Et finalement, si, toujours ! Et pourtant, même si la tentation cherche à endormir sa conscience, Jean-François résiste contre cette petite lâcheté qui consisterait à abandonner ce moment de rencontre et d'écoute. Car il sait que ce moment est LE moment essentiel du CODIR. Que les autres points plus stratégiques, plus tournés vers l'avenir, aussi important soient-ils, ne seront couronnés de succès que si les métiers de l'entreprise sont aujourd'hui, dans « l'ici et maintenant », incarnés à la perfection par quelques collaborateurs exemplaires. Autant de phares et de références identifiés. Des phares allumés par la reconnaissance de leur management.

Dans le cas contraire, les qualités baisseront, les erreurs apparaîtront, les oublis se multiplieront, les revendications s'exprimeront, les excuses foisonneront…et les moyens pour financer les stratégies de développement s'amoindriront.

Et vous, qu'en pensez-vous ?
Bonnes réflexions.

# 3

# Ploc…Plic…Ploc…Plic

Ça ne s'arrêtera donc jamais ! Déjà deux semaines que le robinet de la cuisine goutte. Si au moins, il pouvait goutter en silence ! J'ai trouvé une astuce…J'ai placé une éponge au fond de l'évier. Juste en dessous du mitigeur… Ça goutte, mais au moins, ça ne m'agresse plus les tympans.

Je suis un petit bricoleur du dimanche et consultant en management la semaine. Changer un joint, je sais faire. Avec difficulté et beaucoup de temps, mais je sais faire. D'ailleurs, dès que je me suis aperçu que le robinet fuyait, je suis allé immédiatement changer le joint. Ma réactivité m'a étonné. Comme quoi, en vieillissant, on se bonifie. Parfois. Mais en changeant le joint, j'ai bien compris que je mettais un peu de mercurochrome sur mon front pour calmer ma migraine… Le tartre est partout !

L'acidité de l'eau a tout rongé…Tout bouffé. Et comme disent - trop- souvent les artisans : « C'est mort, faut tout changer ». Je me suis renseigné, sur Internet. A la requête « Changer un robinet » : 418 000 réponses en moins d'une seconde ! Je vais trouver mon bonheur. Je clique sur *www.devisrapide.com* : un devis rapide pour l'intervention moins rapide d'un plombier. Verdict : déplacement, main-d'œuvre, fourniture du robinet : 395 €. Il est en platine leur robinet, ou quoi ! Hors de question d'investir une somme pareille et aucune envie non plus de gâcher mon week-end à faire de la plomberie. Il fait enfin beau et j'ai besoin de prendre l'air. C'est décidé, je changerai le robinet lundi matin. Dans mon agenda pas de rendez-vous, seulement de l'administratif, je trouverai un moment dans la semaine pour m'en occuper.

Lundi matin, la maison est vide et calme. Eugénie, les enfants sont en en cours. Je m'octroie la matinée pour régler son compte à ce robinet déloyal. Première étape : rechercher un tutoriel. Je me rends sur le site Youtube et je tape sur mon clavier « Comment changer un robinet ? ». Je regarde attentivement une des nombreuses vidéos. Apparemment, ça a l'air facile. La jeune femme de la vidéo procède au changement d'un robinet avec le sourire… Les écrous ne résistent pas, les tuyaux sont accessibles, les outils ne glissent jamais de ses mains, l'évier est parfaitement propre et semble neuf, le placard au-dessous de l'évier est vide, la luminosité optimum et le jeune homme qui l'assiste pour lui passer les bons outils ne se trompe jamais… Elle est contente d'elle, la jeune femme de la vidéo. A la fin, elle sourit « Voilà, c'est fait. A vous de jouer maintenant ! ». Je suis allé jouer. Pour commencer, un aller/retour chez Bricoltout. Je m'offre un robinet nouvelle génération, toutes options. La Rolls ! Avec l'économie réalisée en remplaçant moi-même le robinet, je peux m'en offrir un à faire pâlir de jalousie ma mère. Une heure plus tard, je suis de retour à la maison. Avant de me retrousser les manches et de passer à l'action, je m'offre un deuxième visionnage de la vidéo. Je peux maintenant commencer. Il y a autant de similitudes entre la cuisine sur la vidéo et la mienne qu'entre le cerveau d'Einstein et celui de mon beau-frère, qui est gentil quand même. Manquerait plus qu'il morde ! Dans cette cuisine, on n'y voit rien ! Une unique ampoule est supposée éclairer la pièce… Je pars en expédition spéléo sous l'évier, armé d'une lampe torche dont les mauvais contacts créent une alternance de « jour…nuit…jour…nuit…jour…nuit ». Sous l'évier, cohabitent des sacs poubelles, un seau dans lequel une serpillière suspecte a totalement séché, prenant la forme d'un champignon géant hallucinogène, des produits ménagers… C'est presque une surprise de voir tous ces produits. Savais pas que j'en avais autant… Souvent en triple exemplaires et tous entamés. Faudra revoir la gestion des stocks. Libérer l'espace pour pouvoir m'y introduire m'a déjà pris le temps nécessaire à la jeune fille de la vidéo pour nous dire bonjour , changer le robinet et nous souhaiter un agréable moment de bricolage. Je rentre la tête dans l'antre. Ça sent l'humidité et le rance. Je me contorsionne. J'ai mal au dos et je me sais ridicule. Et meeeeeeeeeeerde ! Pas d'écrous ! Les tuyaux sont directement soudés sur le robinet … J'aurais dû m'en douter. La plomberie date de la construction de la maison : 1873.

En la visitant, j'ai eu un coup de cœur qui a assommé ma raison. C'est bien pour ça que je l'ai achetée. Maintenant, il faut assumer ! Fortement contrarié, je remets tout le bazar extrait quelques minutes plus tôt du placard sous l'évier. Mais ça ne rentre plus ! C'eût été trop beau. Pourtant ça rentrait il y a dix minutes. Les bouteilles auraient-elles grossi à l'air libre ? Je transvase le contenu des bouteilles presque vides dans d'autres bouteilles un peu moins vides. Osant même quelques cocktails improbables… Pschitt pschitt pour les vitres avec une solution à base de vinaigre blanc et le contenu jaunâtre d'une vieille bouteille d'eau minérale dans laquelle un jour, quelqu'un a dû transvaser un produit à ce jour non identifié…et non identifiable à l'odeur. J'ai peut-être inventé un truc sympa … ou une bombe. Maintenant ça rentre ! Je passe un coup de serpillière pour éponger mes maladresses lors des transferts de liquides et je retourne chez Bricoltout rendre le luxueux robinet acheté deux heures plus tôt. Le vendeur me reconnaît et il me semble discerner dans son regard un mélange d'agacement et de moquerie. Je rentre à la maison, il est 11h45…Pas le courage de me mettre au travail. Je commencerai à bosser à 14h.

Les semaines ont passé… Les mois aussi. Peu à peu, l'écart entre chaque goutte s'est considérablement réduit. De 10 secondes à …plus rien. Le goutte à goutte s'est transformé en un petit filet d'eau qui s'écoule en permanence. L'éponge pour amortir le bruit ne suffit plus depuis bien longtemps. J'ai trouvé une autre solution : je ferme la porte de la cuisine.

Ce matin j'ai reçu ma facture d'eau. En six mois, ma consommation a triplé. Le montant de la facture aussi. Je ne me permets pas d'être énervé. Pas les moyens. Je garde mon énergie pour payer la douloureuse et valider le devis de www.devisrapide.com qui entre-temps a augmenté de 60 €. Bilan de l'opération : une matinée de perdue et 245 € sottement dépensés en surcoût de consommation d'eau de plus de 185 € et l'augmentation du coût de la prestation du plombier.

Ne sommes-nous pas trop souvent tentés de mal investir du temps sur des tâches qui ne font pas partie de notre mission ou du métier de notre entreprise ?

Que penser de ce restaurateur qui investit chaque matin du temps et du carburant pour aller acheter des boissons chez un grossiste afin d'économiser 21 euros en frais de livraison…laissant durant ce temps son établissement sans capitaine au moment crucial de la préparation du service de midi ?

Que dire de ce réseau de magasins, cherchant à « faire du résultat » par le bas – la gestion-, plutôt que par le haut –le CA – et qui demande à ses vendeurs de nettoyer les vitrines de la façade une fois par semaine pour remplacer l'entreprise qui s'en occupait : une économie d'heure d'une prestation rapide et maîtrisée, remplacée par deux heures de nettoyage mal maîtrisé. Il reste des traces…Eh oui, nettoyer une vitrine, c'est un métier !

Pour cette fausse économie, combien de clients potentiels pas ou mal accueillis et qui, naturellement, n'achèteront rien ?

Si nous prenions le temps de redéfinir précisément nos trois/quatre missions qui contribuent à 80% à l'atteinte de nos objectifs et acceptions de ne pas passer du temps sur des actions éloignées du cœur de notre métier ? Avant d'atteindre la perfection sur l'ensemble de notre poste, assurons-nous d'investir tout notre temps sur nos missions prioritaires.

Et vous qu'en pensez-vous ?
Bonnes réflexions.

# 4

## Ouf, on a eu chaud, ça aurait pu coûter très cher !

Julie est la DRH Europe de J'assure tout, une société d'assurances. Elle travaille au siège à La Défense. Avec 7800 collaborateurs présents dans 12 pays, plus de 950 agences, c'est un acteur majeur du secteur. Pour l'assister dans sa mission, une cohorte de juristes, assistants RH, chargés de ceci-cela…et Paul, son assistant personnel depuis 17 ans déjà. Paul, c'est son homme de confiance. Lui seul a accès à son agenda. L'officiel et le off : les réunions et les rendez-vous chez l'ostéo. Lors des rares moments où Julie n'en peut plus, lui seul est le témoin de ses confidences. Lui seul a le droit de la déranger…même lorsqu'elle dit ne pas être « dérangeable », car lui seul sait discerner lorsque sa demande doit être entendue et lorsqu'il doit l'enfreindre…

Il y a trois ans, Julie a fait travailler une équipe d'avocats sur le dossier de Michel Legrois. Depuis quelque temps, Michel Legrois, le directeur commercial, était soupçonné de vendre des informations stratégiques à la concurrence : fichiers clients, offres commerciales futures. Les administrateurs ont pris très au sérieux les alertes émanant d'un collaborateur ayant surpris à plusieurs reprises Michel Legrois dans des lieux où il n'avait pas à être et à des horaires inhabituels. Ils ont décidé de faire appel au service d'un détective privé. Rapidement, les soupçons sont devenus des certitudes. Le Président de l'entreprise n'a pas hésité une demi-seconde : « Vous me le virez ! ». Quarante-huit heures plus tard, un matin à 8h30, un comité d'accueil composé de quatre hôtes, parfait mélange de malabars de service de sécurité de boîte de nuit et de maîtres de cérémonie de pompes funèbres, attendait Michel Legrois. Un carton lui a été remis contenant quelques affaires personnelles : une photo encadrée sur laquelle sourient Marie, sa femme, ses trois enfants et, de manière moins évidente, Sultan son dalmatien ; quelques dessins offerts par sa progéniture à l'occasion de la fête des pères ; un livre sur le thème de la vente et un autre traitant de « stratégie commerciale dans des environnements complexes et incertains » ; deux cravates froissées et tachées et un tube vide de vitamine C. Sur le carton, une enveloppe à l'intérieur de laquelle Michel Legrois découvrira une mise à pied à titre conservatoire avec inscrite la formule consacrée « dans l'attente d'un entretien en vue d'une sanction disciplinaire ». La machine à licencier est en route. Un matin, un huissier apporte un pli à Michel Legrois. A sa lecture, il confirme ce qu'il envisageait et ce qu'il redoutait. J'assure tout a opté pour un licenciement pour faute lourde. Adieu, les indemnités de licenciement, de préavis et de congés payés. En 10 jours, les 19 ans de vie commune entre Michel Legrois et J'assure tout sont tués, enterrés, oubliés.

Passé le choc, Michel Legrois a réagi. Les accusations de J'assure tout ne reposent selon lui que sur des colportages. Il doute que J'assure tout soit en capacité de prouver la réalité des griefs qui lui sont faits.

Pour la forme, l'avocat de Michel Legrois tente sans succès un accord amiable pour éviter une procédure prud'homale. Michel Legrois saisit donc les prud'hommes de Lille, où il réside.

L'audience de conciliation aux prud'hommes se termine sur un statu quo. La justice devra examiner le dossier et trancher. Les deux parties doivent déposer au greffe du tribunal des prud'hommes de Lille leurs pièces de procédure –attestations, éléments de preuve, témoignages, photos, conclusions…- au plus tard le 14 janvier avant 14h00. Le greffe a insisté lors du courrier envoyé aux deux parties pour informer du calendrier judiciaire de la procédure : « Aucune pièce ne sera acceptée passé ce délai ».

L'avocat de Michel Legrois a transmis les pièces de son client à J'assure tout début décembre afin qu'il puisse préparer sa défense et fait déposer le dossier au greffe le 10 janvier.

Julie, au vu de l'importance des demandes de dédommagement de Michel Legrois – cumul des différentes sommes (préavis, congés, primes, indemnités de licenciement, dommages et intérêts… : 2 millions d'euros -, a préféré « garder la main » sur le dossier. Le 13 janvier au matin, elle relit une dernière fois les conclusions de l'avocat de J'assure tout et vérifie la présence de chaque pièce de procédure et sa recevabilité : signatures, cohérence de la numérotation, photocopies des pièces d'identité jointes. La justice est si tatillonne !

À 14h, Julie tenant une épaisse enveloppe, entre dans le bureau de Paul, occupé par un appel téléphonique. La conversation dure…se prolonge…s'éternise. Julie ne peut pas rester plus longtemps, un taxi l'attend. A voix très basse, en sur-articulant jusqu'à s'en déformer son visage et en séparant bien chaque syllabe, elle dit à Paul : « C'est-le-dos-sier-Le-grois-Il-faut-le-fai-re-par-tir-ce-soir-sans-fau-te-par-Chro-no-post-Ur-gent.   Il-doit-être-au-plus-ta-rd- re-mis- de-main- av-ant qua-tor-ze- heu-res- au-gref-fe-du-tri-bu-nal-de-Lil-le ».

Paul accuse réception du message par un sourire et un hochement de tête.

14 janvier 8h30. En  arrivant au travail, Julie passe dans le bureau de Paul pour récupérer  un dossier. Vision d'horreur…Elle aperçoit, un peu dissimulée sous un gros dossier, l'enveloppe Legrois. Réaliste, elle perçoit immédiatement l'enjeu : « Dossier pas déposé au greffe du tribunal de Lille avant 14h, nous perdons le procès. Et les 2 millions d'euros demandés par Legrois lui seront probablement attribués. Ça va nous faire tousser ! Si le dossier est déposé, peut-être gagnerons-nous ». Furieuse contre elle-même, elle hurle dans le bureau vide : « Quelle conne ! On ne laisse pas

son assistant envoyer un dossier aussi important sans passer un coup de téléphone pour s'assurer que le travail a été fait ! » Julie est certaine d'une chose : Paul n'est pas fautif, pas coupable. D'abord, elle se souvient de la manière dont elle lui a demandé de s'occuper de l'envoi. Elle sait aussi la loyauté de Paul envers elle et J'assure tout. Des exemples par dizaines lui traversent l'esprit. Paul est le fidèle parmi les fidèles. Elle sait qu'en aucun cas son oubli n'est la manifestation d'un quelconque je- m'en-foutisme et encore moins d'une volonté de saboter l'entreprise. C'est juste un oubli. Une erreur. Paul n'est accusé de rien, sa place n'est pas dans un box et Julie n'a pas à revêtir la robe du juge. Il est juste co-responsable de la situation, comme l'est aussi Julie. Probablement moins qu'elle car un manager délègue une mission, jamais sa responsabilité.

Julie le sait, la lâcheté serait d'accuser Paul et de lui faire porter la responsabilité entière de l'oubli et de ses conséquences. Ce serait tellement facile mais absolument injuste. Elle est lucide : si le dossier n'arrive pas à temps au greffe, il faudra en parler au Président. Et lui saura juger qu'elle est la seule responsable. On ne lui fait pas à l'envers ! Bien sûr, si Julie pensait que Paul a voulu nuire à l'entreprise, elle n'hésiterait pas sur la conduite à tenir. Elle s'occuperait seule de faire partir au plus vite le dossier sans en parler à Paul. Ensuite, elle se chargerait de le mettre à la porte.

8h35. Julie est malgré tout rassurée. Elle sait que le délai pour se rendre à Lille est suffisant. Paul, comme depuis 17 ans, arrive à 8h45. Une horloge suisse ! Elle décide de l'attendre pour lui demander de recoller les morceaux avec elle. Julie récupère le dossier Legrois et se rend dans son bureau.

8h 44 minutes et 53 secondes. Paul est au bout du couloir. « Il est incroyable ! » se dit-elle. D'un geste de la main, elle fait signe à Paul d'entrer dans son bureau.

« Bonjour Paul ». En regardant le dossier, elle lui dit calmement : « Paul, le dossier qui devait partir hier est toujours là. Je veux que l'on trouve une solution très vite pour que le dossier soit remis au greffe du tribunal de Lille avant 14h00 ».

Paul rougit. C'est sa réaction lorsqu'il est très mal à l'aise. Puis après quelques instants de silence, il bégaie : « Je…je…je l'ai pas fait exprès. C'est…c'est…c'est… pas de ma faute…Je je je suis débordé de travail »

« Paul, je sais bien que ce n'est pas de ta faute. Si je le pensais, je ne te verrais pas pour régler le problème. Je m'en serais chargée toute seule et ensuite je me serais occupée de ton cas. Jamais cette idée ne m'est venue à l'esprit. Tu es quelqu'un d'honnête et tu ne fais que très rarement des erreurs. Je me souviens bien aussi du contexte dans lequel je t'ai passé le bébé ! Mais Paul, on parlera de tout ça plus tard. Je veux que nous trouvions une solution : que faisons-nous pour que le dossier soit à 14h00 au greffe ? 2 millions, ça vaut le coup de se concentrer un peu ! »

« Je vais prendre ma voiture et je fonce à Lille. J'en ai pour deux heures. Trois maxi avec la circulation. »

« Paul, j'apprécie ton idée  mais je vais la refuser, pour deux raisons. Primo, je vois ton état de stress et ça ne fait pas bon ménage avec la conduite. Deuxio, comme tu l'as dit, tu es débordé de boulot et on ne va pas investir une de tes journées sur cette solution. Voilà ce que je te propose : tu contactes des sociétés de transport de colis en moto, tu sélectionnes la première disponible. Tu remets en main propre le dossier au conducteur et tu lui demandes de nous informer lorsqu'il aura remis le dossier en nous envoyant  un MMS de l'accusé de réception du greffe. Tu me tiens informée, c'est bon Paul ? »

Pour Paul, c'était bon… Le taxi-moto est arrivé 25 minutes plus tard. A 11h30, arrivait le MMS tant attendu. Paul a dérangé avec plaisir Julie pour lui mettre sous le nez. Julie a été heureuse d'être dérangée alors qu'elle rédigeait une note de synthèse.

« Paul, ne pars pas si vite. Combien ça a coûté, la bricole ? »

« 499 €. C'était un forfait péage inclus »

« 499 € l'erreur…Ouf, on a eu chaud, ça aurait pu coûter 2 plaques ! 499 €, c'est plus de 4 000 fois moins. On s'en tire bien ! On peut dire qu'on a frisé la correctionnelle, le boulet est passé à quelques centimètres de nos minois. Hors de question que ça se reproduise et si nous ne faisons rien,  il y aura une prochaine fois. Et là, mon intuition de DRH me fait dire que nous n'aurons pas la chance de pouvoir réparer. Paul, je nous donne un boulot : on réfléchit à un process, pas usine à gaz, pas coûteux en temps et en euros, qui nous garantit que plus jamais un envoi important  ne restera dans nos bureaux. On va trouver, et les 499 € du taxi moto seront vite oubliés.»

Quelques semaines plus tard, un ingénieux système de bannettes, bien placées, était mis en place. Deux bannettes à 4,99 € les deux !

Et nous ? Sommes-nous certains de bien faire la différence entre la faute et l'erreur ? Confrontés à une erreur, sommes-nous focalisés sur l'avenir pour réparer et éviter la reproduction de celle-ci, ou passons-nous trop de temps dans le passé à trouver des excuses et des coupables ?

Ne voyons pas dans l'erreur une fatalité mais un appel à resserrer des mailles un peu trop lâches par lesquelles nos résultats peuvent s'échapper. Bien gérées, nous ne pouvons que bénir les erreurs qui permettent de transformer le plomb de celles-ci en or massif du process !

Et vous, qu'en pensez-vous ?
Bonnes réflexions.

# 5

# Bénéfice secondaire

J'ai longuement hésité avant d'écrire ce billet car il aborde un sujet sensible. Je suis conscient des réactions qu'il pourrait provoquer : rejet, incompréhension voire colère. Pour autant, le sujet est suffisamment important pour ne pas faire l'impasse. Important car il peut parfois permettre de comprendre certains agissements de nos collaborateurs.

Commençons par une histoire vraie : Anthony Delon et sa fille Alyson ont dernièrement été au cœur de l'actualité people. Ils ont décidé récemment de renouer des liens alors qu'Alyson vivait des moments difficiles.

Anthony est né le 30 septembre 1964 à Hollywood, de Nathalie et Alain Delon. Comme disent les « jeun's » aujourd'hui :« trop d'la chance ! ». En effet, on pourrait le penser : le petit Anthony ne pouvait vivre qu'une enfance dorée. Des parents célèbres, un environnement luxueux, une sécurité financière évidente, les meilleures écoles auraient dû lui garantir une vie paisible et facile.

Cependant, les événements se sont déroulés très différemment.

Anthony a quatre ans lorsque ses parents se séparent. Son père poursuit sa vie avec Mireille Darc et laisse le soin de l'éducation d'Anthony à Nathalie. Accaparé par les tournages de films, les festivals, les mondanités, les tournées promotionnelles et ses innombrables histoires d'amour, Alain a bien d'autres choses à faire que d'éduquer un petit garçon.

Anthony vivra douloureusement cette situation d'abandon. Il se décrit lui-même comme un enfant associable et rebelle. (1)

Dépassés par les comportements agressifs d'Anthony, ses parents l'envoient dans des internats de plus en plus stricts et sévères, espérant qu'il sera canalisé. Mais, plutôt que de le calmer, ces longues et nombreuses séparations vont contribuer à l'entraîner vers la délinquance.

En février 1983, âgé de 18 ans, Anthony est arrêté à bord d'un BMW volée et en possession d'un pistolet automatique.

Anthony raconte que ce jour-là, son père est arrivé en moins d'une heure pour le faire sortir du commissariat de police et qu'il a pris, sur le trottoir, quelques mètres plus loin, une raclée mémorable.

On pourrait penser que cette raclée et un mois d'incarcération à la prison de Bois-d'Arcy lui auraient remis les idées en place. Pourtant, Anthony continuera jusqu'à l'âge de 24 ans à enchaîner les mauvais coups jusqu'au décès par balle d'un de ses amis et « associés » lors d'une rixe sur le parking d'une discothèque.

Pourquoi ce jeune homme, né avec une cuillère en or dans la bouche, s'est-il, pendant des années, enfoncé dans la délinquance ? La réponse, il la donne dans son livre (1) : « J'avais compris une chose essentielle. A chaque fois que je déconnais, mon père rappliquait sur le champ. En revanche, lors des périodes d'accalmies, mon père reprenait le rôle que je n'aimais pas : celui de l'absent. Sans le vouloir, j'avais trouvé la méthode pour le faire réagir et attirer son attention. Les conneries à profusion…Il allait être servi ! Je préférais être avec lui me donnant une raclée que de me sentir abandonné loin de lui ! Entre l'indifférence et l'absence ou les coups et les insultes, le choix s'imposait comme une évidence. Un peu comme si à travers mon inconscient, ma peau recevait ses baffes comme des caresses et ses injures comme une douce mélodie fredonnée à mes oreilles. Lorsque l'on a rien à manger depuis trois jours, du rutabaga cru a le goût du meilleur caviar.»

Anthony préférait donc vivre dangereusement pour attirer l'attention et la présence de son père plutôt que de vivre en enfant sage, mais loin de lui. Sa solution était destructrice mais elle lui permettait d'atteindre son objectif inconscient : être regardé par son père…même dans un contexte difficile et dans une relation négative.

Imaginons qu'à l'époque, nous lui ayons posé la question suivante : « Ça te plaît de risquer ta vie et de faire de la prison ? ». Il aurait répondu « NON !». Et pourtant, il récidivait.

Pourquoi ? Quel était son bénéfice à se mettre dans de telles situations ? Exister pour son père, ne pas se sentir abandonné et délaissé, comme il le raconte aujourd'hui.

Voilà notre notion de bénéfice secondaire. Une précision sur le mot « bénéfice ». Dans notre cas, un bénéfice n'est pas systématiquement… bénéfique, mais est ce que l'on retire d'une situation. Il peut donc être positif ou négatif.

Dans l'histoire d'Anthony Delon, il y a deux bénéfices : d'abord, un bénéfice primaire qui est négatif : arrestation, prison…

Ensuite, un bénéfice secondaire qui, en revanche est positif : attirer l'attention de son père et être proche de lui…Même à travers une relation conflictuelle.

Anthony avait bien conscience à 18 ans du bénéfice primaire très négatif et douloureux. S'il persévérait à commettre des délits, c'est que, sans en avoir vraiment conscience, le bénéfice secondaire positif était plus important. Le prix à payer du bénéfice primaire – les baffes – était moins élevé que la rémunération du bénéfice secondaire – la relation avec son père - L'investissement était rentable !

S'il avait eu à cette époque conscience de ce qu'il recherchait vraiment, il aurait sans doute parlé à son père pour lui dire qu'il avait besoin de lui. Mais timidité, pudeur et immaturité l'en empêchaient.

Le plus étonnant, c'est que ce scénario se reproduit aujourd'hui avec sa fille Alyson : elle a tenté à maintes reprises d'attirer l'attention de son père jusqu'à lui intenter un procès. Heureusement, aujourd'hui, à 51 ans –mieux vaut tard que jamais – Anthony a tiré les leçons du passé et a renoué la relation avec sa fille.

Que retenir de cette histoire et de cette notion de bénéfice primaire ou secondaire ?

Souvent, nous ne commettons pas des actes insensés par bêtise mais pour en retirer un bénéfice secondaire important, voire vital. La mécanique, bien entendu, est souvent totalement inconsciente et invisible pour celui qui la met en place. Nous avons tous croisé dans notre vie des personnes emprisonnées dans des « stratégies d'échecs », qui se mettent dans des situations invraisemblables ou dangereuses…pour le bénéfice secondaire, qu'elles ne perçoivent pas toujours.

Retour dans la vie professionnelle : Marie est réceptionniste dans un palace parisien. Vingt-sept ans de fidélité et une ponctualité à faire pâlir un mécanisme de montre helvétique. Grèves des transports en commun, circulation ultra-dense ou enfant ayant la bonne idée de se faire mal deux minutes avant le départ pour l'école … Peu importe les circonstances, Marie a toujours été à l'heure. Toujours ? Plus tout à fait depuis six mois. Un mardi, elle est arrivée avec dix minutes de retard. Thomas, le directeur de la conciergerie, l'a remarqué. Responsable, il a décidé de lui en parler. « Dix minutes de retard en vingt-sept ans, cela ne se gère pas de la même façon que cinq retards par mois » pensait-il. Il a voulu, comme il le dit « jouer la manière douce ». Un peu avant midi, il est allé voir Marie : « Marie, si vous êtes libre pour déjeuner aujourd'hui, ça me ferait plaisir de vous inviter. »

Marie a rougi, toussoté, bégayé et accepté.

Durant le déjeuner dans une belle brasserie, Thomas a été très à l'écoute de sa réceptionniste. Marie a eu le plaisir de lui parler longuement de sa passion pour le jardinage et Thomas s'est extasié devant les photos de Grégoire, le petit-fils de Marie : Grégoire à la piscine, Grégoire au ski, la rentrée des classes de Grégoire, Grégoire déguste sa première huitre, Grégoire déguisé en vampire pour Halloween. Au moment du café, Thomas a déclaré : « Marie, je ne vous l'ai jamais dit, mais avoir une réceptionniste ponctuelle, ça vaut de l'or pour nous. Vous avez été exemplaire depuis votre entrée dans la « maison ». Ce matin, j'ai constaté un petit retard. Rien de grave, mais je préfère vous en parler. »

Marie a expliqué la panne de métro et présenté ses excuses. Thomas a compris la raison du retard et excusé Marie. L'un et l'autre ont repris le travail.

Durant l'après-midi, l'inconscient de Marie a phosphoré plus que d'habitude : « Alors voyons…Vingt-sept ans de ponctualité et pas un remerciement, pas un compliment…RIEN ! NADA ! Un retard de dix minutes…et une heure trente en tête à tête avec mon manager, un déjeuner offert, une longue écoute sur mes passions et la joie de parler de mon petit-fils ! »

Depuis ce jour, Marie est malchanceuse : elle ne parvient plus à être ponctuelle. Un métro en panne, c'est pour elle ! Un quartier bloqué à cause d'une fuite de gaz, c'est pour elle ! La porte de son appartement qui claque alors qu'elle a oublié ses clés à l'intérieur…C'est pour elle !

Thomas ne l'invite plus depuis longtemps à déjeuner à chacun de ses trop nombreux retards. Mais il lui consacre un peu de temps, chaque jour. Pour l'engueuler. Marie, émotive, pleure lorsque Thomas la sermonne. Elle sait bien, elle, qu'elle ne fait pas exprès d'arriver en retard. Pas de sa faute si…le métro…la fuite de gaz…la porte de l'appartement… Et pourtant, demain Marie sera encore en retard. Sa conscience se plaint, pleure, gémit et se justifie…Son inconscient se frotte les mains et est enfin heureux : Thomas s'occupe d'elle.

Curieusement, Marie n'est jamais en retard lorsqu'elle a rendez-vous avec Karine, sa meilleure amie…qui lui accorde du temps et de l'écoute.

Dans notre management, sommes-nous certains de mettre de l'engrais là où il le faut ? Et du désherbant, là où c'est nécessaire ?

Nous avons tous besoin d'être regardés. Enfant ou adulte, homme ou femme, européen ou asiatique, employé ou directeur général...Refuser cette idée qui peut parfois nous gêner – je n'ai besoin de personne ! -, n'enlève rien à ce besoin essentiel qui d'une manière ou d'une autre doit être satisfait.

L'engrais, c'est le temps et l'écoute active que nous accordons à nos collaborateurs lorsqu'ils jouent la bonne partition.

Le désherbant, ce sont les secondes comptées et l'écoute passive avec lesquelles nous devons gérer les sorties de route comportementales.

Lorsque nos collaborateurs s'investissent sur nos consignes, pensons-nous à épandre de l'engrais ? Si nous ne le faisons pas, la terre s'appauvrit et peu à peu devient stérile. Le collaborateur ralentit, s'arrête et démissionne. Parfois contractuellement. Parfois, juste dans sa tête.

Et lorsque nos collaborateurs sont « hors-jeu », savons-nous mettre quelques gouttes de désherbant sur le comportement que nous voulons voir disparaître ? Ou au contraire, y mettons-nous de l'engrais, en passant trop de temps avec le collaborateur hors-jeu et en l'écoutant longuement ? Avec le risque évident du bénéfice secondaire !

Et vous, qu'en pensez-vous ?
Bonnes réflexions.


( 1 ) Le premier maillon, Michel Laffont, 2008

# 6

# Ce n'est vraiment pas le moment !

« Ce n'est vraiment pas le moment » est une des réponses que l'on entend le plus souvent quand on parle de management ou de techniques de vente avec une entreprise. Soit !

Mais ce qui est plus étonnant, c'est la raison invoquée pour justifier du fait que ce n'est pas le moment. En fait, deux raisons reviennent systématiquement :

• Tout va bien, les affaires sont bonnes, l'entreprise tourne à plein régime, pourquoi aurions-nous besoin de former les encadrants au management ou les commerciaux à la vente ?

• Les temps sont durs, le carnet de commandes en berne, nous avons d'autres priorités et urgences pour l'instant.

Voilà qui ne laisse que peu de place : quand ce serait utile, on n'a pas le temps, et quand on a le temps, ce n'est pas utile…Notez bien que ce genre de réponse, vos commerciaux doivent l'entendre tous les jours. Posez-leur la question, je suis sûr qu'ils se reconnaîtront.

La vraie question est, en fait, ailleurs.

Est-ce vraiment utile de former les encadrants au management et les commerciaux aux techniques de vente ? Autrement dit, est-ce nécessaire de s'entraîner et de progresser dans ces domaines, quel que soit son niveau actuel ?

Pour répondre à cette question, je vous propose de vous tourner vers le sport, la compétition. Ce mot et son dérivé, compétitif, parlent forcément dans une entreprise.

Prenez les plus grands sportifs, qu'ils soient tennismen, coureurs automobile, sprinteurs sur 100m, cyclistes : ils ont toujours l'impérieuse nécessité de s'entraîner et de progresser. Et pourtant, ce n'est jamais le moment. Pendant les compétitions, ils ont autres choses à faire et en dehors, ils n'aspirent qu'à se reposer et à se changer les idées. Mais ils savent que faute d'entraînement et de progression, la prochaine compétition risque fort d'être … désastreuse.

Vous allez me dire : « C'est normal, c'est leur boulot ! Un sportif qui ne ferait pas de sport et de séances d'entrainement, cela n'aurait pas de sens ». Parfaitement exact.

Mais à propos, quel est le métier de votre entreprise ? Industrie ? Services ? Support ? Maintenance ? En tout cas, le métier de votre entreprise n'est pas la vente et encore moins le management. Donc, concentrons-nous sur notre métier et arrêtons de perdre du temps avec ces questions … Pourquoi pas ?

Revenons un instant à notre sportif. Prenons, par exemple, un coureur de Formule 1. Son métier, c'est de savoir piloter une monoplace, de gérer la course, les ravitaillements, le choix de ses pneumatiques, les réglages de sa voiture en fonction du tracé du circuit sur lequel il court. Pas de faire de la course de fond ou de la musculation quatre heures par jour. Ce qui, en plus, est vraiment beaucoup moins enthousiasmant que de se glisser dans le cockpit de sa voiture, d'entendre le moteur rugir, de sentir la poussée que procurent les six cents chevaux du moteur.

Si vous posiez la question – d'autres l'ont déjà fait – à Alain Prost, il vous répondrait : « Le métier d'un coureur de F1, c'est de gagner des courses, idéalement d'être champion du monde. Pour cela, il doit savoir piloter, régler sa voiture, gérer ses ravitaillements, etc. Mais, MAIS, avant tout, le pilote doit avoir une condition physique irréprochable. Pendant une course, un pilote encaisse des forces jusqu'à 5,5 G. Dans ces conditions, le poids du pilote est multiplié par 5,5. Un homme de 70 kg a la sensation de peser … 385 Kg  pendant plusieurs secondes et des centaines de fois en quelques heures. Pour cela, une condition physique parfaite et un cœur à toute épreuve sont une nécessité. Faites donc, pour commencer, quatre heures de sport par jour, pour y gagner un cœur et des bras capables de tenir toute la durée d'une compétition ! »

Comme votre entreprise : elle doit gagner la compétition – si rude – et idéalement devenir championne du monde. Pour cela, elle doit proposer des produits ou services parfaits – le plus possible – savoir gérer les livraisons, régler ses fabrications … Mais, MAIS, avant tout, elle doit avoir des conditions managériales irréprochables pour assurer l'implication et la motivation des collaborateurs qui conditionnent le bon fonctionnement de l'entreprise, une force de vente musclée pour remporter des marchés.

Si j'étais l'Alain Prost de la formation, je vous dirais « Proposez, pour commencer, quatre jours par an d'entraînement au management pour vos encadrants et aux techniques de vente pour vos commerciaux ».

Mais, c'est vrai, j'oubliais presque … ce n'est vraiment pas le moment !

Et vous, qu'en pensez-vous ?
Bonnes réflexions.

# 7

## Certains sèment, d'autres récoltent

Nos actes ne sont jamais neutres. En ce sens, l'inertie est un acte. L'acte de ne rien faire. Tous nos actes ont des conséquences. Ils participent à « tirer » vers le haut notre environnement – nos familles, nos collaborateurs, notre entreprise, notre pays, la planète - ou vers le bas. Nos actes sont des atomes de construction ou de destruction. De vie ou de mort. Souvent, nous ne percevons pas, nous ne voyons pas l'effet de nos actes. « Certains sèment, d'autres récoltent ». Récemment, un participant rencontré dans un aéroport, me faisait la confidence suivante :

- Un jour, j'étais dans une merde sans nom. Et face à ce qui me semblait insurmontable, la décision définitive s'échafauda dans mon esprit. Chaque seconde qui passait était un atome de plus de détermination à en finir. Je broyais mon mal-être dans un café et devant un expresso que je laissais refroidir. Une personne est venue s'asseoir à la table à côté de la mienne. Elle m'a souri puis, un peu hésitante, m'a dit : « Vous avez l'air fatigué. » Puis, elle s'est tue. Et là, j'ai lâché prise, j'ai tout balancé : mon mal-être, les épreuves du passé pas digérées, celles du présent qui me fusillaient, celles de l'avenir que j'imaginais … Je ne sais pas combien de temps ça a duré. Vingt minutes. Probablement plus. La personne m'écoutait en souriant. Curieusement, à aucun moment son sourire ne m'est apparu comme une provocation mais juste comme une manifestation d'empathie à mon égard. Peut-être même d'un amour pur et désintéressé. Epuisé par tant de confidences, j'ai enfin cessé mon monologue. La personne me fixait toujours. Elle semblait prendre son temps. Comme pour être certaine qu'il n'y avait pas encore quelques gouttes à faire tomber, restées dans le tonneau d'eau sale et croupie de mon malaise. Je reprenais mon souffle, un peu sonné, presque ivre. Et pourtant seul un expresso trônait sur ma table. Puis elle m'a posé une question : « Y-a-t-il des gens qui vous aiment ? ». Je ne suis pas du genre à verser ma larme devant « La petite maison dans la prairie » ou « le cercle des poètes disparus ». On me dit plutôt solide. Ceux qui me connaissent mal me perçoivent même comme insensible. Badaud de moi-même, j'ai senti mes yeux se remplir de larmes que je n'ai pas su retenir. Ce jour-là, j'ai expérimenté ce que m'avait dit un ami qui venait de vivre un deuil difficile : « Les larmes chassent le chagrin mais pas la peine. Mais c'est déjà pas mal. » En suffocant, j'ai répondu un « oui, il y a des gens qui m'aiment » à peine audible. La personne s'est levée, a remis son manteau, et m'a salué en ajoutant : « Pour eux, vivez. Ils ont besoin de vous ». Pas une fois, elle n'a tenté de minimiser ce que je vivais, de m'aider à relativiser, de parler d'elle. Ce jour-là, en 20 minutes, un sourire, une question et une demande, elle m'a sauvé la vie. Elle ne le sait pas, elle ne le saura jamais. Je serais même incapable de la reconnaître si un jour je devais la croiser. Quels actes dérisoires a-t-elle posés ce jour-là ? Un  peu de temps, un sourire, une bonne écoute. Pour quel résultat ? Une vie … ma vie ! ».

Chaque semaine, je rencontre des managés qui me témoignent de l'impact positif qu'a pu avoir sur eux un bel acte de management. Par ces actes, ils se savent appréciés, reconnus, estimés. Ils perçoivent qu'il n'est pas nécessaire d'être parfait pour avoir de la dignité, de la valeur. A travers ces actes de management, ils l'ont compris. Ils ont davantage envie de s'impliquer pour le projet de l'entreprise et  aussi pour le manager. Les militaires le savent bien… On s'engage pour défendre la patrie … Mais sur le front, on ne recule pas, uniquement si le manager militaire le mérite.

Aujourd'hui, j'ai donc envie de dire merci. Merci à ces managers pour ces actes de management.

Merci à Nicolas pour le temps passé avec Géraldine lors de son intégration après douze années d'inactivité professionnelle.

Merci à Françoise pour le recadrage sans concession de Jérôme lorsqu'il a osé en réunion une plaisanterie plus que douteuse … Recadrage qui lui a permis de ne pas se mettre en danger et de toujours faire partie des effectifs.

Merci à Géraldine, chef comptable, qui n'a pas hésité à faire part à Paul des compliments faits par le directeur général à la lecture d'un dossier sur lequel il s'était particulièrement investi...Mais aussi d'avoir informé le directeur général que contrairement à ce qu'il pensait, le dossier n'avait pas été géré par elle, mais par Paul.

Merci à Gérard, commissaire de police, d'avoir offert à son commandant de répondre à une interview d'un journaliste d'Europe 1 ... alors qu'il mourait d'envie d'y répondre lui-même.

Merci à Stéphane, manager dans l'industrie alimentaire, d'avoir lors de son arrivée dans l'entreprise, avoué son ignorance à ses nouveaux managés sur une partie de leur mission et de s'être laissé former comme un disciple...

Merci à Estelle, 27 ans, d'avoir considéré qu'en acceptant de manager une équipe, elle était responsable de ne pas oublier de fêter les 30 ans de présence dans l'entreprise de Bernard...à la grande surprise et joie de celui-ci en arrivant un matin, accueilli par l'ensemble du personnel dans le réfectoire autour d'un petit-déjeuner.

Merci à tous les autres ...

Et nous, qui pour certains sommes des managers, d'autres pas, mais très majoritairement des managés, pensons-nous à leur dire « Merci » ? « Merci pour.... »

Ou bien, considérons-nous que le temps que nous accordent nos managers, les encouragements qu'ils nous prodiguent, les accompagnements sur le terrain qu'ils organisent, les informations qu'ils se donnent la peine de nous transmettre … tout ça n'est qu'une dette qu'ils nous payent ? Après tout, c'est leur job, ils sont payés pour ça ! Sommes-nous parfois seulement dans l'absence de retour, l'ingratitude, le doigt pointé sur le détail qui cloche : « Chef, on t'avait demandé de faire une réunion d'information une fois par semestre. T'as même pas organisé un coup à boire et dix jours après, je ne vois toujours pas venir le compte-rendu ! ». Si nous avons le sentiment de parfois manquer à leur égard de justice, il est temps de leur signifier que nous voyons et apprécions ce qu'ils font pour nous sans poursuivre par un « mais… »

Et vous, qu'en pensez-vous ?
Bonnes réflexions.

# 8

## C'était quand même mieux avant !

« Il y a vraiment des jours sans ! Pas envie d'aller bosser mais faut bien faire bouillir la marmite. Vingt ans dans cette boîte, pas une absence. Aujourd'hui, chaque pas qui me rapproche de la porte est plus difficile à faire que le précédent. C'était quand même mieux avant. Avant que ce nouveau responsable arrive et qu'il change tout. Pourquoi ? Ça marchait  très bien avant ! J'ai vraiment pas envie d'y aller. »

Décidément,  Pierre n'a pas le moral en ce jeudi matin froid et brumeux de janvier en se rendant à son travail. Ca fait déjà un moment que ça dure. Lui qui aimait tant son travail et son entreprise, il ne se reconnait plus. Avant, il arrivait toujours  en sifflotant, une tape sur l'épaule des collègues, un café, une bonne blague qui  leur faisait dire : « Quel con ce Pierre ! » et c'était parti pour une journée de boulot qu'il ne voyait pas passer.

Maintenant, Pierre ne sifflote plus, il se contente de serrer la main de ses collègues, le café et la blague ont disparu. Le lundi, il regarde désespérément le calendrier hebdomadaire pour voir ce qui le sépare du vendredi et le vendredi, il regarde encore désespérément l'horloge pour voir ce qui le sépare du week-end. Dire qu'il faudra recommencer lundi prochain !

Pierre a changé de préoccupations depuis quelques mois : il considère que son salaire n'est vraiment pas assez élevé pour supporter ce travail. Il revendique une augmentation mais, comme durant sa journée de travail il n'est pas vraiment à ce qu'il fait et que ça se sent, toutes ses demandes ont été refusées. Voilà de quoi rajouter de la frustration à son manque de moral. Il pense aussi souvent à la retraite mais à 43 ans, il lui reste encore au moins 20 ans de vie professionnelle. 20 ans ! Une éternité ! Comme le dit Pierre de plus en plus souvent : « Les hommes politiques ne se rendent pas compte. Ils s'obstinent à retarder l'âge de départ à la retraite. Il faudrait qu'ils vivent ne serait-ce qu'un mois dans mon entreprise et ils changeraient tout de suite d'avis ! »

Que s'est-il donc passé pour que Pierre en arrive là ? Il n'a pas changé d'entreprise, ni de travail. Vu de l'extérieur, rien n'a bougé : le même portail à l'entrée de l'usine, le même parking, les mêmes locaux.

Bien sûr, il y ce changement de chef mais quand Pierre prend un peu de recul, il le trouve plutôt sympa. Ce gars connait très bien le boulot, il se comporte respectueusement et poliment avec Pierre et tous ses collègues.

Non, le problème, ce sont ses nouvelles méthodes : « Môôôsieur le chef a décidé qu'il fallait travailler autrement. Bon sang, ça faisait 20 ans qu'on travaillait comme ça et personne ne s'était jamais plaint : ni les clients, ni le directeur de l'entreprise. Alors, qu'est-ce qui lui prend de tout vouloir changer ?

Le chef ne parle plus que de modernisation, de compétitivité, de cadence, de chiffre et de statistiques. Il explique que pour tenir la cadence de production nous devons respecter les procédures, les contrôles qualités.

Pierre se dit tous les jours qu'avant, il n'avait pas besoin de tout ça pour faire du bon travail. Tout ça ne sert à rien. Pire, c'est une perte de temps !

Pourtant, son chef a été pédagogue : il a expliqué à l'équipe que l'entreprise avait remporté de nouveaux contrats, de très gros contrats. Il fallait donc, pour tenir les engagements, moderniser la production et être plus efficaces. Il a aussi longuement expliqué que ses nouveaux clients étaient plus exigeants : ils ne supporteraient pas la moindre dérive sur les spécifications ou les délais de livraison. Il fallait donc impérativement automatiser et contrôler la production, standardiser les méthodes et mettre en place des procédures de qualité.

Mais Pierre ne parvient pas à adhérer à ces changements. Il aimait tellement sa façon historique de travailler. Tout le monde reconnaissait Pierre comme l'expert : en un coup d'œil, il était capable de voir qu'il manquait 3 microns à une pièce et de recaler sa machine avec doigté. Comme disaient ses collègues avec admiration et crûment : « Quand Pierre cale une pièce, ça passe comme papa dans maman ! ».

Pierre est malheureux. Il voudrait bien sortir de ce cercle vicieux qui jour après jour le mine. Même à la maison, il n'est plus comme avant. Son mal-être au travail commence à transpirer sur sa vie personnelle. Les soirées en famille sont plus tendues. Il s'agace d'un rien et commence à penser que tout le monde est contre lui. Il file un mauvais coton, Pierre. Il le sait. Il voudrait vraiment que ça change mais il n'y parvient pas, il ne sait pas comment faire, par où commencer, comment s'y prendre. Alors, il se met à rêver : changer de travail, d'entreprise, de maison, de région ... Mais sa lucidité le ramène vite à la raison. À 43 ans, peu diplômé, difficile de trouver un nouvel emploi et il n'est même pas sûr que ce nouveau travail serait plus intéressant et aussi bien payé. Vingt ans d'ancienneté, ça compte dans la balance ! Repartir de zéro, ça demanderait beaucoup de sacrifices et Pierre n'en a plus la force.

Amis lecteurs, que faisons-nous ?

Laissons-nous Pierre dans cette situation ou l'aidons-nous à passer ce mauvais cap ?

Que va-t-il se passer si rien ne change ?

Sa démotivation va s'accroître, son attention au travail va continuer à diminuer. Au mieux, un jour, son chef excédé, découragé et fatigué, le convoquera à un entretien préalable qui inéluctablement aboutira à un licenciement. Au pire, un jour où la lassitude sera plus forte encore que d'habitude, il se blessera. Pour l'entreprise, au mieux le départ et la perte d'un ex-bon collaborateur ; au pire, un insupportable accident du travail.

Mais que pouvons-nous faire pour lui ?

Au fond, c'est son boulot, il est payé pour ça ! On ne va pas materner tous les collaborateurs de l'entreprise ! Quoi? Il faudrait le prendre dans nos bras tous les matins et lui demander s'il a bien dormi ?

Bien sûr que Pierre n'attend pas ça. Il voudrait juste que tout redevienne comme avant. Et avant, son chef ne le maternait pas du tout.

Alors, comment lui donner envie d'accepter ces changements ? Mieux encore, le faire adhérer, afin qu'il devienne un des moteurs du changement ? Comment ?

D'abord en comprenant que tout changement induit un processus de deuil. Lorsque l'on change, on perd quelque chose et il faut faire le deuil de cette chose – de ces choses- perdue(s). Oui, pour passer d'un point A à un point B, il faut quitter à tout jamais le point A.

Et pourquoi avons-nous tant de mal à quitter le point A (une région natale, un ancien travail...) ? Car ce point de départ, nous le connaissons, nous le maîtrisons, il nous rassure. Quand on vit dans la même ville depuis son enfance, on connait chaque rue, chaque magasin, parfois même chaque habitant. C'est sécurisant.

Aller de la pharmacie à la banque ne nous demande aucun effort, on le fait sans y penser. En revanche, lorsque nous arrivons dans une ville inconnue, tout demande des efforts : il faut se repérer, mémoriser, s'aventurer, essayer, se tromper. Se tromper ! Faire face à l'échec ! Se perdre et recommencer.

Tout cela demande beaucoup d'efforts, d'attention et d'énergie. Et plus nous avançons dans la vie, plus nous avons du mal à déployer cette énergie. Combien de gens rêvent de revenir dans leur région natale pour profiter de la retraite ?

Interrogeons-nous sur ce qui nous donne l'énergie de changer dans notre vie de tous les jours. Changer de travail, de maison, de ville.

Ce qui nous donne l'envie de changer, c'est la compensation. Nous acceptons de changer parce que nous avons la certitude, ou au moins l'espoir d'une compensation : je quitte mon ancienne maison pour une plus récente, plus grande, plus proche de mon travail. La perte de la maison dans laquelle j'ai vécu 15 ans et que j'aimais tant est compensée par une nouvelle maison plus adaptée et plus confortable. Je quitte mon ancien travail (quand je n'y suis pas contraint) pour un travail plus intéressant et/ou mieux rémunéré. La compensation est donc un élément primordial pour faire un travail de deuil.

Quelle compensation pouvons-nous offrir à Pierre pour lui permettre de faire son travail de deuil : quitter cet avant qui était si bien ? Une augmentation de salaire, même substantielle ?

Personne ne la refuse, bien sûr. Le premier mois, on regarde son bulletin de salaire pour voir ce nouveau chiffre plus gros en pensant à tout ce qu'on va pouvoir s'acheter. Le deuxième mois, on vérifie que le nouveau chiffre est encore bien là, en regrettant presque qu'il n'ait pas augmenté cette fois-ci. Le troisième mois, c'est devenu la norme. Plus d'effet sur notre moral.

Alors même si ponctuellement, une augmentation de salaire est bonne pour le moral, ce n'est pas elle qui aidera Pierre à accepter tous ces changements. Le deuil ne s'achète pas.

Et si nous faisions un peu rêver Pierre ? Rêver au sens d'espérer et de désirer. Lui redonner un peu de jus, la patate !

Mais qu'est-ce qui nous donne envie d'espérer, que désirons-nous ? Posons-nous la question.

Comme pour la nouvelle maison évoquée plus haut, nous espérons avoir mieux, plus satisfaisant, plus intéressant. Ensuite, nous avons envie de nous lancer pour savoir si ce « mieux, plus satisfaisant, plus intéressant » sera considéré par ceux qui sont importants pour nous. Pour la nouvelle maison, nous serons toujours heureux de la montrer à nos amis, notre famille et d'entendre leur retour.

Enfin, nous accepterons le changement si nous savons que nous serons aidés et suivis dans les moments difficiles. Pour ceux qui ont acheté un bien immobilier, être lâchés par leur banquier **au cours de** de la transaction est un vrai cauchemar…

Pierre, lui, est poussé par les événements –clients plus exigeants, cadences plus élevées – mais jamais tiré vers l'avant. Il se sent au bord du précipice et personne ne lui parle ni du pont pour le franchir, ni de ce qu'il va trouver sur l'autre rive.

« Pierre, j'ai voulu te voir aujourd'hui parce que je sens que tous ces changements te pèsent et je veux en parler avec toi. J'aimerais dans un premier temps que tu me dises comment tu vis tout ça ; ensuite, nous parlerons de ce que ces changements vont t'apporter de positif dans ton travail et plus généralement dans ta vie, même si je sais que pour le moment tu ne le vois pas du tout. Enfin, j'aimerais échanger avec toi sur ce que nous pouvons faire pour t'aider à bien vivre cette nouvelle organisation.

Pierre, le plus important, c'est que tu gardes à l'esprit que je suis là pour t'aider. Ça te va ? Allez, on y va ! Alors, dis-moi, comment te sens-tu en ce moment ? »

Je suis sûr qu'à l'écoute de ces quelques mots, Pierre se sent déjà un peu mieux.

Et vous, qu'en pensez-vous ?
Bonnes réflexions.

# 9

## Dans le bureau du patron, il y a un frigo.

« Allez, on fait la fête ! » Surprenante invitation !

L'entreprise est le lieu du travail, des missions à accomplir, des résultats à obtenir, des clients à servir et faire réussir… Pas un endroit pour lever son verre ! La conjoncture est difficile, les clients plus exigeants, la charge de travail toujours plus importante, les dents des actionnaires grincent à la lecture des résultats et les charges semblent inexorablement augmenter.

Alors OUI ! Raison de plus pour organiser des moments festifs dans l'entreprise.

Il serait inconvenant d'organiser des événements fastueux quand la période est déjà financièrement difficile. Mais faire la fête, célébrer des événements importants dans la vie de l'entreprise, est-ce une question de moyens ou de conviction ?

Pas besoin de champagne ou de « pom-pom girls », mais simplement le désir de partager avec l'ensemble des collaborateurs les événements marquants de l'entreprise (création, fusion, commande historique, premier agrément, certification, déménagement...), de fêter les succès qui jalonnent une année (réussite de la mise en place d'un ERP, marché remporté ou retrouvé...) ou de mettre en avant un collaborateur en particulier (fin de période d'essai, première mission gérée en autonomie opérationnelle, tactique ou stratégique, première vente, mariage, départ à la retraite...). Les occasions ne manquent pas !

Plus la performance est difficile à atteindre, plus il est nécessaire de fêter les progrès significatifs et symboliques et de créer des rites festifs qui rassurent. Partager les joies et les succès renforce notre sentiment d'appartenir à une équipe soudée qui sait faire face dans les moments difficiles.

En 2000, un jeune créateur de start-up offrait, à chaque ouverture d'un nouveau magasin, une tournée à tous ses collaborateurs dans la réserve du point de vente...Bière tiède et chips premier prix... Mais quelle convivialité ! Et que de bons souvenirs ! Quelques années plus tard, la start-up de 5 magasins est devenue une entreprise européenne de 2000 points de vente... Les résultats financiers sont encore là...mais on ne fait plus la fête. Les événements positifs importants ne sont évoqués que dans le journal interne...une fois par an. Les collaborateurs de la « belle époque » disent : « Dans le bureau du patron, il y a un frigo. Il paraît qu'il y a du champagne…il paraît ! »

Un autre propose tous les quinze jours un repas partagé…

Une architecte en maisons individuelles organise chaque été un barbecue « clients/artisans/partenaires/collaborateurs ». Parfait pour remercier, décloisonner, fidéliser…et bronzer.

D'autres encore organisent une activité ludique – karaoké pour beugler du François Valery - ou sportive, une soirée à thème, un repas, etc.

Certains enfin choisiront d'interroger les salariés sur leurs envies, ou même d'allouer une petite enveloppe pour financer des projets proposés par les salariés destinés à renforcer la cohésion et le plaisir au travail.

Mais quelle qu'en soit la raison, durant la fête le manager reste… manager et se comporte comme tel ! Dans les moments de convivialité les « glissades » sont faciles, et si le crédit managérial demande du temps à se construire et se confirme minute après minute, le discrédit ne nécessite que quelques secondes pour prendre la place durablement – grivoiserie limite, perte de contrôle due à une absorption irraisonnable d'agréables breuvages alcoolisés, propos déplacés…-

Et pour finir, le manager n'oublie pas que la fête est un cadeau adressé à ses collaborateurs et qu'il en est le maître de cérémonie.

Et dans votre entreprise, votre service, à quand remonte la dernière fois que vous avez fait la fête tous ensemble ?

Et vous, qu'en pensez-vous ?
Bonnes réflexions.

# 10

# Difficile comme « Bonjour ! »

« J'ai dit que tu vas apprendre à dire bonjour…La chose la plus importante dans la vie. Si tu dis bien bonjour, t'as fait la moitié du chemin »

Vous avez reconnu ? Bravo, vous êtes d'incollables cinéphiles. Cette réplique, c'est celle de Sam Lion –Paul Belmondo – dans *Itinéraire d'un enfant gâté* de Claude Lelouch (1988). Ce programme personnalisé de formation « Comment bien dire bonjour », Sam Lion va le faire suivre, presque subir, à son jeune poulain, Albert–Richard Anconina. Albert va devoir s'intégrer dans une entreprise et créer un climat de confiance pour récolter de nombreuses informations. Informations dont il a besoin pour réussir sa mission. Il va lui falloir tellement plus de savoir-faire que la simple maîtrise du « Bonjour ». Il devra maîtriser l'art de poser les bonnes questions, d'écouter, de se taire, de creuser, de relancer, de tempérer, de bluffer, de lâcher du lest, de s'adapter à son interlocuteur, de faire le forcing... Le simple « Bonjour », c'est une évidence, ne suffira pas.

De la même manière, aucun manager ou vendeur ne réussira son année 2016 grâce à la maîtrise d'une figure managériale ou commerciale aussi simple que l'accueil quotidien des collaborateurs ou la prise de contact avec les prospects/clients. Mais nombreux sont ceux qui, prenant de la distance avec le « Bonjour », risquent de le payer cash en démobilisation, revendication, turn-over, demande de baisse de prix...

Quel rapport entre « l'accueil du matin », « la prise de contact commercial » et....des revendications de moyens luxueuses d'un collaborateur (moyens de temps, d'accompagnement ou de matériel) ou des objections plus nombreuses d'un prospect/client ? Le même qu'entre le claquage du muscle de la cuisse d'un tennisman après une heure de match et l'absence d'entraînement la semaine le précédant et d'échauffement avant l'affrontement. Les omissions, les maladresses et les « à peu près » se paient rarement immédiatement... Car un « à peu près » une fois ne provoque rien de gravement négatif. En effet, un échauffement zappé le mardi sera toléré par les fibres musculaires si cet entraînement manqué est isolé au milieu de cinquante entraînements effectués. Un accueil du matin un peu rapide- je serre la main de ma collaboratrice sans la regarder et lorsqu'elle me répond à « bien passée ta soirée, hier ? », je suis déjà quatre mètres plus loin - ne la démobilisera pas si, majoritairement, mes prises de contacts quotidiennes avec elle sont faites et bien faites. Une absence de regard souriant pour « dire » à une personne qui vient de rentrer dans mon magasin « Bonjour Madame, je vous ai vue et je suis heureux de votre venue, je termine de servir ce client avec la même attention que je le ferai pour vous dans quelques minutes, je vous remercie pour votre patience » ( si, si, on peut faire passer tout ça par un regard, il suffit d'un peu de pratique et de conviction…), cette absence de regard ne fera probablement pas fuir un client fidèle ou en besoin absolu de votre produit. Un papa qui vient chercher la nuit un médicament pour soulager l'otite de son fiston se moquera bien de l'absence de sourire du pharmacien d'astreinte cette nuit-là !

Et c'est d'ailleurs bien là que commence le piège ! En ne payant pas « cash » et immédiatement par une blessure mon entraînement zappé, par un peu de démobilisation de ma collaboratrice un accueil du matin survolé ou par un départ du client de mon magasin une absence de regard accueillant, une petite voix intérieure commence son travail de sape : « Tu vois mon canard, en ne disant pas bonjour qualitativement et individuellement à chacun de tes cinq collaborateurs ce matin tu as gagné cinq minutes précieuses. Et en fin de journée, le travail qu'il devait effectuer a été fait ! Allez, on sort la calculette ! Juste pour se faire plaisir. Alors, on a dit 5 minutes par 215 jours égale 1075 minutes, soit 17 heures, soit deux petites journées de boulot par an ! Bien gentil l'accueil du matin, très « je suis un manager proche de mes collaborateurs » mais… chérot quand même ! Plus de deux jours !

Tu ne crois pas que tu pourrais les investir avec bénéfice ailleurs ? Sommeil ? Rentrer un peu plus tôt ? Ranger ton bureau avant de partir ? »

« Malheur à celui qui écoute complaisamment la petite voix de la lâcheté ! » disait le prophète Faisgaffeàtonchiffresd'affaires…    Et combien il a raison le prophète Faisgaffemachinettoutlereste… Nos petits écarts, nos petits renoncements, nos petites lâchetés, auto-justifiés par de toujours excellentes raisons : « Juste une fois…faut pas être rigide quand même ! » « Ils n'ont  pas eu de bons résultats ce mois parce qu'ils ont mal bossé, je vais leur montrer mon mécontentement en prenant un peu de distance avec eux en les niant le matin », « Je viens de l'augmenter de 25 € mensuels…il va bosser sans avoir besoin d'un câlin matinal pendant au moins trois mois…. », « C'est bon, ils sont cadres ! Si en plus il faut leur dire bonjour chaque matin, c'est la preuve qu'ils ne sont pas capables de l'être ! » - auront après quelques mois de manquement ou de « Bonjours » dans la lettre mais sans l'esprit, raison de la motivation de nos collaborateurs et clients…

Mais pourquoi ce bonjour du matin est-il donc si important pour qu'il justifie à lui seul ce billet ? Dans les écoles de commerce on n'en parle pas. Pas plus que dans les livres sur le management. Pas une ligne…

Dire    bonjour est    essentiel    car,    avant    d'être    un(e) collaborateur(trice), celui à qui je dis bonjour est un être humain. Mais il n'est vraiment un être humain dans la relation que je lui propose que si je me comporte avec lui/elle comme tel…C'est-à-dire en lui redisant que je le considère comme un être humain (et non pas uniquement comme un apporteur de compétences pour un collaborateur ou de CA pour un client) par la qualité de la prise de contact quotidienne qui redonne vie à notre relation. Bref, en le reconnaissant inconditionnellement. C'est-à-dire sans être télécommandé par mes ressentis d'hier : « Elle m'a remis un dossier exceptionnellement bien ficelé » ou « Il m'a planté 20% de la production », sans être parasité par les demandes que je vais lui exprimer aujourd'hui : « Ce serait bien qu'il reste plus tard ce soir j'ai besoin de lui…Pense à soigner ton « Bonjour » ce matin ». Inconditionnellement, gratuitement. Car la dignité de nos interlocuteurs n'a pas de prix…Et lorsqu'un interlocuteur se sait respecté inconditionnellement, il peut commencer à avoir envie de faire des choses pour son manager.

Je ne dis pas « Bonjour » parce que ça motive…Je le fais parce que je veux signifier à mon interlocuteur que quel que soit son passé, quelque soit notre histoire commune, aujourd'hui est un jour nouveau et mon regard sur lui est un regard neuf. Et si ce « Bonjour » gratuit provoque de la motivation, tant mieux !

C'est là tout le sens du « Si tu dis bien bonjour, t'as fait la moitié du chemin » de Sam Lion.

Et vous, qu'en pensez-vous ?
Bonnes réflexions.

# 11

## Demain, je reprends le travail

Gilles s'est marié ! Quatre jours pour événements familiaux, plus trois semaines accolées pour son voyage de noces…

Thierry est originaire de la Réunion…Durant deux ans, il a patiemment cumulé des jours de CP lui permettant de profiter de son île et de sa famille six semaines consécutives.

Il y a deux ans, les médecins ont diagnostiqué une grave maladie à Marie. Après de longs mois de combat, la maladie est KO et Marie reprend son travail lundi.

Juste avant une semaine de vacances, Miloud a reçu une mauvaise nouvelle de son employeur. Non, sa demande d'augmentation n'est pas validée. Suite à cette déception, Miloud a quitté l'entreprise, très en colère.

Géraldine s'est rendue coupable d'un dérapage verbal … Une semaine de mise à pied

Isabelle a accepté d'assurer le remplacement d'été d'un comptable d'une filiale du groupe durant trois semaines.

Didier a perdu sa mère le 05 janvier 2015. Il a quitté rapidement son poste un jeudi à 15H00 après un appel lui annonçant le décès. Son retour est prévu dans une semaine.

Gilles, Thierry, Marie, Miloud, Géraldine, Isabelle et Jacques ont tous quitté l'entreprise pour quelques jours, semaines ou mois. Certains aiment leur travail, leurs collègues, leur entreprise, leur manager. D'autres un peu moins. D'autres pas du tout…

Chacun va revenir… Avec plus ou moins d'envie. Plus ou moins d'inquiétude.

« Vais-je réussir à me reconcentrer sur mon métier après un mois d'émotion absolue ? » se demande Gilles.

Thierry craint d'être hors-service à cause des six heures de décalage horaire.

Marie ressent des sentiments ambivalents : la joie de retrouver une activité professionnelle qui lui redonne un rôle social qui lui manquait tant, mais aussi la peur de ne plus être à la hauteur des exigences de son manager, la crainte de ralentir ses collègues, l'inquiétude de ne pas être capable de digérer rapidement les centaines de micro-changements qui ont eu lieu durant son absence.

Une semaine de vacances n'a pas suffi à Miloud pour digérer sa déception : « La boîte ne peut pas m'encadrer ! Cette augmentation, je la mérite cent fois…Des nouveaux et des moins bons sont mieux payés que moi… Ils l'auront cherché, je vais démissionner. En attendant de trouver un nouveau job, je ne vais pas me fatiguer pour eux. »

Géraldine a pris conscience de son dérapage… Elle a peur que sa faute lui colle à la peau et que son patron ne la regarde qu'à travers ce prisme.

Isabelle est angoissée : « Je vais me retrouver avec une montagne de travail en retard…J'ai rendu service, mais à tous les coups ils n'ont rien fait pour gérer mon absence ! »

Didier est submergé par le chagrin… Son médecin lui a conseillé d'accepter un arrêt de travail de huit jours pour se reposer. Didier a refusé. Il a besoin d'occuper son esprit. Selon lui, le travail sera sa meilleure thérapie.

Et nous manager, chef d'équipe ou de service, responsable RH, directeur général …sommes-nous suffisamment lucides sur les difficultés de toute reprise après une absence longue ou une absence pour raisons difficiles ? Sommes-nous persuadés que nos clients et nos actionnaires seront servis à la hauteur des engagements que nous prenons, proportionnellement au plaisir des collaborateurs à œuvrer dans notre entreprise ? Avons-nous le souci de préparer le retour de nos collaborateurs ? Sommes-nous suffisamment convaincus qu'accueillir nos collaborateurs n'est pas une tâche périphérique « si nous avons le temps » mais une nécessité absolue ? En fonction des situations qui ont occasionné les absences, avons-nous pensé à avertir notre service du retour de notre salarié ? Avons-nous parlé de Marie à ceux qui n'étaient pas encore présents dans le service lors de son départ ? Avons-nous donné quelques consignes pour que chacun aide Géraldine à réintégrer le mieux possible l'entreprise ? Sommes-nous allés vérifier que le bureau d'Isabelle n'a pas été transformé en lieu de stockage durant son absence ? Et s'il l'a été, avons-nous fait le nécessaire pour qu'elle retrouve un lieu accueillant ? Avons-nous conscience que pour chacun, reprendre le travail revient à remonter sur un vélo en côte ascendante, alors que les muscles sont refroidis ? Avons-nous préparé un entretien de retour adapté à chaque situation afin d'aider chacun à redémarrer ?

Si les réponses sont positives, génial !!

Et si vous profitiez de ce billet pour  vérifier que dans vos agendas, les dates de retour de nos collaborateurs sont inscrites, qu'une plage horaire est bloquée pour les ré-accueillir et qu'un rappel trois jours avant a été programmé pour préparer leur retour ?

Et vous, qu'en pensez-vous ?
Bonnes réflexions.

# 12

« Madame la Commissaire, est-ce bien utile de vous montrer votre bureau ? »

Blandine est une jolie femme de 24 ans. Pas très grande et fluette. Son mètre 56, elle l'assume : « Des talons ? Pour me grandir ? Et pourquoi ne pas me maquiller pour me vieillir en plus ! ». Sans accessoire féminin, Blandine parvient cependant à incarner une belle image de la féminité. Son allure générale, son sourire, sa démarche, son intonation de voix sont si « femme » que des artifices en pâtes colorées pour les lèvres, les joues, les yeux, le cou, des vernis multicolores pour sa corne et des échasses pour ses chaussures ne feraient que camoufler et abîmer sa féminité naturelle.

Blandine n'est pas seulement jolie. Elle est intelligente. Et sacrément bosseuse. Elle est arrivée largement en tête de sa promotion d'élèves commissaires de Police. A 24 ans, elle « sort » major de St-Cyr -pas l'école militaire, mais celle formant les futurs commissaires de Police de St-Cyr-au-Mont-d'Or à 10 kilomètres de Lyon - Derrière elle, 135 autres lauréats, dont deux tiers de gars, parfois grands, souvent costauds mais toujours vexés d'être surpassés par le plus petit gabarit de l'école. Une fille, en plus !

Blandine a pu choisir la première le lieu de son affectation. C'est le privilège de la winneuse. Elle n'a pas froid aux yeux et une possède une bonne dose de folie… Ou de sagesse. Elle ira policer au commissariat de sécurité publique de Lovaniac, dans le Marbouc*.

Pas flic pour rien, elle s'est renseignée :

- 280 fonctionnaires.

- moyenne d'âge : 48 ans

- 4 fonctionnaires sur 5 sont syndiqués

- un sur 12 possède un mandat lui conférant l'immunité.

- un taux d'absentéisme qui, à sa lecture, suggère plus spontanément la température d'une piscine surchauffée.

- des indicateurs de performances qui ne traduisent que de la non-performance : le taux de délinquance est parti respirer en altitude alors que le taux de résolution des enquêtes est allé faire un stage de plongée sous-marine.

- et « cherry on the cake », depuis 6 mois, le commissariat n'a plus de chef. En deux ans, trois commissaires se sont succédé. L'un est resté 8 mois…puis a disparu du jour au lendemain…Une promotion soudaine, sans un mot d'explication…et sans communiquer sur ladite promo. De quoi affoler les esprits policiers encore en marche et rallumer la machine à cancans des flics désabusés. Un autre est, semble-t-il, arrivé sobre. Quelques mois plus tard, il était hospitalisé pour une sévère addiction à l'alcool. Sa bouteille d'Evian, manifestement, ne contenait pas que de l'eau ! Le matin, la bouteille était pleine. Beaucoup moins à 18h00. Le dernier s'est donné la mort***. Entre midi et deux. En tenue officielle. Dans son bureau. Sans une explication. Mais chacun a compris le message subliminal. Depuis, il n'a pas été remplacé. Les commandants et lieutenants, sous le choc, gèrent comme ils peuvent et le mieux possible le commissariat et les 150 fonctionnaires. Ils sont 14 braves gars à tenter de donner un semblant d'organisation à ce qui peu à peu est devenu un bazar…Il faut bien le constater, faute d'un référent indiscutable capable d'exiger, de trancher et de décider….rien n'est géré.

Blandine aime la police et sa mission – protéger les personnes et les biens – et n'accepte pas qu'un vaisseau de cette importance soit ballotté en fonction du sens où souffle le vent le plus puissant. Un lundi matin, l'ouragan sera le préfet survolté, le lendemain, un commandant particulièrement en verve, le surlendemain, une association d'habitants revendicatifs ! Blandine veut tenir fermement le gouvernail pour faire avancer l'embarcation en direction du cap qu'elle veut atteindre dans trois ans. L'image du commissariat à construire est très claire dans son esprit. Chaque jour, il s'agira de réduire l'écart entre l'état des lieux actuels et le chef-d'œuvre policier qu'elle veut bâtir. A 24 ans, grâce à ses étés à diriger des moniteurs de colo, puis à ses stages dans des commissariats, elle sait qu'une addition de talents dispersés n'a jamais fait une équipe et encore moins de la performance mais plutôt un gloubi-boulga d'individualités cherchant plus à se servir qu'à servir. Et Blandine veut servir les personnes vivant un jour, les touristes, ou une vie, les administrés, sur le secteur de son commissariat. Idéalement en leur offrant de la sécurité…et à défaut en permettant à la justice de réparer en mettant à sa disposition les suspects des délits et crimes.

Quelques jours avant sa prise de fonction, le secrétariat du préfet a fait parvenir au commissariat de Lovaniac, une note d'information, signifiant l'arrivée de Madame la commissaire Truchet **** et la certitude du préfet quant à l'excellent accueil que chaque fonctionnaire saurait lui réserver. A la lecture de cette missive, affichée sur le tableau « INFOS à LIRE », nombreux sont ceux qui ont gloussé et ricané. Les propos fatalistes : « On l'appellera PPH entre nous, Passera Pas l'Hiver » ont alterné avec les propos machistes : « Une femme pour diriger des bonhommes. Elle va s'faire croquer M'dame la commissaire ! ». Et encore…la circulaire ne précisait pas l'âge de Blandine Truchet…Si en plus ils savaient que le Ministère leur envoyait un bébé commissaire, quelques côtes se seraient brisées sous l'effet de fous-rires in-canalisables !

Lundi 9 septembre 2013, Blandine se rend seule au commissariat. Tellement heureuse que ce ne soit pas une énième rentrée des classes – il y en a eu vingt et une depuis la petite maternelle…en même temps, si elle n'avait pas redoublé sa seconde, elle aurait pu se contenter d'une vingtaine - mais une rentrée dans la vraie vie. Seule, car quelques jours avant, elle a reçu un mail d'un chef de service lui expliquant que malgré tout l'enjeu que représentait son arrivée dans le commissariat dévasté, il avait d'autres choses tellement plus importantes à faire – sans les nommer…secret- défense- et qu'il était certain qu'elle comprendrait son désistement, mais que bien naturellement, il restait disponible par mail et que si nécessaire son assistante se ferait un plaisir de prendre les messages téléphoniques. Blandine a souri en lisant le mail : « Il m'aurait encombré. Je préfère être seule que mal accompagnée. Je le connais, il aurait joué à être mon père. Et être infantilisée devant mes gaillards, non merci ! Je vous présente Blandine Truchet…elle a terminé major…Je compte sur vous pour bien l'accueillir et lui montrer où se trouve la machine à café… ». Finalement, c'est très bien qu'il ait des choses tellement plus importantes à faire »…

À l'accueil du commissariat, Blandine s'adresse à l'agent d'accueil. Elle montre patte blanche en lui présentant la lettre de mission signée du préfet et demande à rencontrer le commandant de permanence. L'étonnement qu'elle lit en 4 par 3 dans les yeux de l'agent d'accueil lui rappelle illico ce que sa maman lui disait il y a encore deux jours : « Ce n'est pas un métier pour une fille. Et si jeune en plus ». L'agent d'accueil demande à Nadine –une adjointe de sécurité – de le remplacer quelques instants. Dix minutes plus tard, il revient avec le commandant Renard et quelques lieutenants et autres gradés. Bien qu'avertis par Laurent Michaud –l'agent d'accueil - du phénomène de foire qu'elle semble incarner, le commandant Renard et sa troupe parviennent à dissimuler leur étonnement aussi bien que les garçons de ma génération parvenaient à planquer Playboy dans leur chambre. Le commandant Renard est un flic bien élevé. Il a le sens de la hiérarchie et tartinera Blandine de Madame La commissaire. Ses adjoints se transformant en écho amusé. Manière subtile de lui faire comprendre que pour l'instant, elle n'est qu'un chef dans l'organigramme, une nomination à laquelle ils doivent se soumettre. Le jour où ils l'appelleront « patron », alors là, oui ! Le commandant et les 150 fonctionnaires seront prêts à mouiller le gilet pare-balles pour elle.

Dans la salle de pause, Blandine expose son souhait, pardon son exigence, quant aux premières journées dans le commissariat. Se présenter collectivement aux fonctionnaires, afin de se faire connaître et qu'on la laisse circuler librement dans les lieux, puis dire quelques mots sur son emploi du temps des prochaines semaines : ne rien faire, juste observer, prendre connaissance de l'héritage –des actifs avant tout, du passif peut-être -, rencontrer individuellement chaque fonctionnaire - eh oui…150 - pour les écouter sur…ce qu'ils voudront bien lui dire, et dans quelques semaines les rencontrer à nouveau collectivement pour faire un bilan de ses observations et entretiens puis proposer un plan de route. Elle demande donc aux commandants et lieutenants de s'organiser pour lui permettre de rencontrer les fonctionnaires par groupes de 10 à 20 durant une quinzaine de minutes afin de ne pas désorganiser le commissariat en monopolisant tous les fonctionnaires en même temps. Le commissariat ne ferme jamais, il faut laisser un peu de monde sur le terrain. Evidemment, elle viendra également la nuit pour cette réunion de présentation…Elle s'adaptera à la réalité de la vie du commissariat…

10h00. Blandine est devant la salle de réunion. Sa première réunion…Les premiers fonctionnaires de police arrivent en procession silencieuse. Blandine salue chacun individuellement. Elle s'est entraînée lors du stage « Prise de poste » avec les autres élèves : « Bonjour ! », suivi du grade, un regard qui tient celui de l'interlocuteur –attention à ne pas baisser les yeux…même pas peur Blandine, même pas peur - et un léger sourire pour ne pas sembler agressive…Mais pas trop large pour ne pas donner l'impression d'être dans le registre de la séduction. Petit laïus de remerciement, quelques mots sur son émotion du moment et deux trois informations quant à sa manière de prendre la responsabilité du commissariat durant les premières semaines.

Ouf, tout s'est bien passé, Blandine n'a rien oublié. Les fonctionnaires ont écouté. Avant de les renvoyer à leur poste, Blandine en bonne communicante leur demande : « Avez-vous des questions ? ». Silence dans la salle. Blandine prend le temps d'écouter ce silence. Intérieurement, elle compte lentement jusqu'à 20. Le temps nécessaire, pense-t-elle, pour que sa proposition soit réellement reçue comme un vrai désir d'écoute plutôt qu'une proposition pour la forme.

« Madame La commissaire, est-ce bien utile de vous montrer votre bureau ? »

Les rires fusent…Sacré JP ! JP c'est Jean-Pierre, 53 ans. Chaque matin il arrive en proclamant à voix haute un chiffre. C'est le nombre de jours de travail le séparant de la quille. Ce matin : 734 ! Ça baisse…Lorsqu'il a commencé son décompte, il avait 32 ans. Une sotte histoire de refus de congé l'avait tellement dégoûté que depuis ce jour, il avait promis de ne faire que le strict minimum. En homme de parole, il tient les promesses faciles. Un matin, il était arrivé en clamant : 4938 ! La première proclamation d'une longue série. Et chaque soir, invariablement, il quittait le commissariat en hurlant : « Une de tirée ». Puis, englué dans sa fierté, il rajoutait « Je parle d'une journée de travail ». Parfois, il avouait avoir rêvé de rencontrer Patrick Sébastien et de se faire débaucher pour qu'il lui écrive des textes. JP était convaincu qu'il aurait été un fin auteur de sketches et ça le rendait heureux. A l'écoute matinale de son compte à rebours, les tous nouveaux souriaient, les anciens soupiraient. Jean-Pierre avait raison, Blandine n'avait pas pris possession de son bureau. L'information avait vite circulé dans le commissariat. Etonnant quand même ! Un commissaire plus empressé de rencontrer ses équipes que d'aller se rassurer sur les m2 de son bureau, la nature du sol, le nombre de fenêtres, la hauteur sous plafond et l'exposition. Ça avait surpris. Mais Blandine avait oublié d'être idiote. Elle avait perçu l'ironie de la question et la remarque subliminale : « Les derniers ne sont restés que quelques mois, est-ce que ça vaut vraiment le coup de vous installer ? ». Le sourire satisfait de JP ne laissait aucun doute. La question n'avait rien de bienveillant, ni même l'expression d'une inquiétude par un fonctionnaire angoissé par les départs successifs et si difficiles. Il voulait se payer la tête de Blandine. Inspirée, Blandine s'avança vers lui, en se frayant un chemin à travers les autres fonctionnaires, pour rejoindre JP, mollement assis sur un radiateur, mâchouillant un chewing-gum. Elle avait décidé de le faire sortir du bois.

Durant 10 secondes, dans un silence flippant, elle le regarda droit dans les yeux. Dès la troisième seconde, JP pour reprendre un peu d'assurance, avait détourné son regard en ricanant bêtement et en implorant subliminalement ses camarades de lui venir en aide. Les camarades étaient restés sourds à l'appel de JP.

- Gardien de la paix, je me suis présentée à vous, vous n'avez pas eu l'occasion de vous présenter à moi. Je vous écoute.

- Gardien de la paix Sanchez.

-Gardien de la paix Sanchez, tenez-vous droit ! Et répétez votre question !

    -Non, non c'est bon !

    -Non, non c'est bon, Commissaire ! Et il n'y a pas de « non, non, c'est bon ». Pour la dernière fois, répétez votre question !

    -Non mais en fait…c'est parce que… Puis baissant le regard et la voix : « On doit vous montrer votre bureau ?

-Merci, gardien de la paix Sanchez. Y-at-il parmi les personnes présentes, une ou plusieurs qui souhaiteraient également me poser cette question ?

Silence pesant…Manifestement, personne ne souhaite poser la « JPS's question » !

-Parfait. Puisque personne en dehors du gardien Sanchez ne souhaite me poser cette question, je ne vous retiens pas. Je vous souhaite une excellente journée. Quant à vous Gardien Sanchez, j'ai une information à demander au lieutenant Girard… Restez dans le couloir, je suis à vous dans trois minutes.

Trois minutes plus tard, Blandine Truchet sort de la salle de réunion. JP a disparu. Comme un délinquant profitant de l'inattention du fonctionnaire en charge de le garder. Renseignement pris, Blandine apprend par la personne affectée à l'accueil et n'ayant pas participé à la réunion que « JP a couru pour prendre son poste au rond-point de la nationale… « Même que ça m'a drôlement étonné. Je ne savais pas qu'il savait courir. Encore moins pour aller bosser ! ».

Deux fonctionnaires sont missionnés pour aller récupérer JP sur son rond-point. « Avec les menottes, s'il n'obtempère pas » croit bon de préciser Blandine. Vingt minutes plus tard, JP Sanchez est devant Blandine, dans la salle de réunion. Pas trop fiérot d'ailleurs, Môssieur JPS.

- Je suis ravie de vous revoir, gardien Sanchez. Et heureuse de constater avec quel zèle vous investissez votre mission de sécurité publique. Pour autant, je vous avais demandé de m'attendre. Vous aviez un joker pour un délit de fuite. Vous l'avez cramé. Plus de joker avant…avant…avant jamais. Plus de joker. Vu le nombre d'informations entendues depuis mon arrivée, ma mémoire sature. C'était quoi votre question, déjà ? Et pas de pudeur de jeune fille. Répondez !

-Doit-on vous montrer votre bureau Madame la commissaire ?

- Ah oui, c'est ça ! Pourquoi cette question ?

- …..

- Gardien Sanchez, une règle entre nous…A l'avenir, n'utilisez jamais l'occasion d'une réunion, d'un rituel collectif, pour me poser une question que vous n'auriez pas le courage de me poser en privé. Suis-je claire ou dois-je développer ?

-Très claire, patronne !

-Parfait…Montrez-moi mon bureau, gardien Sanchez !

La prise de poste est une période difficile pour chaque manager. Quelle que soit la situation : on manage ses anciens collègues ou des inconnus…On est beaucoup plus jeune…ou plus vieux…On a de l'autorité, des compétences…ou aucune…On récupère une équipe en échec – il va falloir les faire réussir – ou une équipe en réussite – il va falloir que je fasse perdurer la performance-, j'ai été choisi parmi cinq managers potentiels…il va falloir que je prouve très vite à mon boss qu'il a bien fait de me choisir…

La prise de poste ne permet pas de gagner le tournoi. Juste de se qualifier pour le second tour. Mais bien souvent, que d'obstacles à franchir et de pièges à éviter ! Aller trop vite, tout changer, baisser l'exigence ou l'augmenter brutalement, ne pas prendre le temps de la rencontre, gérer l'ancien manager encore dans l'entreprise et parfois à la limite de l'ingérence… Et si nous donnions à chacun de nos futurs managers en situation de prise de poste toutes les chances de réussite par une préparation millimétrique ?

Et vous, qu'en pensez-vous ?
Bonnes réflexions.

*Le prénom a été changé…comme dans les vrais comptes-rendus journalistiques.
**Cette anecdote étant absolument authentique, « Blandine » a demandé à ce que le lieu ne soit pas dévoilé…Et comme on ne veut pas de problème avec la police, on s'exécute ! Et on invente un joli nom de ville.
***Malheureusement et tragiquement vrai.

**** Le nom aussi a été modifié. Etonnant, non ?

# 13

## Happy birthday to you Mr President !

90 ans !

Les radios, les télévisions, la presse et Internet s'en sont fait l'écho. L'ancien président de la République, Valéry Giscard d'Estaing, a fêté ses 90 ans le 2 février 2016 !

Happy birthday to you Mr President !

Si j'évoque cet homme, c'est pour partager une anecdote entendue sur France Inter, et racontée par l'un de ses biographes : Joseph-Jacques JONAS « Giscard de tous les jours », 1978, Editions Fayolle.

Laissons-lui la parole : « La légende raconte - mais en est-ce vraiment une ? - qu'en ce matin du 2 février 1926, lorsqu'Edmond Giscard prit dans ses bras le petit Valéry, il dit : « Je suis inspecteur des Finances. Toi, mon fils, tu seras ministre des Finances puis président de la République ». Mon petit Président deviendra le surnom affectueux qu'Edmond adoptera pour son fils. Alors qu'il a quatre ans, son institutrice, le jour de la rentrée, lui demande ce qu'il veut faire plus tard. Avec aplomb, le petit Valéry lui récite ce qu'il entend depuis toujours à la maison : « Je ferai l'ENA et ensuite je serai ministre des Finances et président de la République française ! ». Amusée, son institutrice lui demande : « C'est quoi un ministre des Finances ? » « Je ne sais pas Madame » « Ah ? Et un président de la République ? » « Je ne sais pas Madame ».

En 1953, VGE termine l'ENA. En 1962, il est nommé ministre des Finances. En 1974, il est élu président de la République. Certaines mauvaises langues diront qu'en 1962 et 1974, il ne savait toujours pas ce qu'était un ministre des Finances et un président de la République... Mais ce sont des mauvaises langues !

Mai 2002. François, 30 ans, va recevoir pour un long week-end de mai trois de ses amis. La joyeuse bande se connaît depuis l'enfance. Plus que des amis, pour ce pont printanier, ce sont surtout des papas qu'il reçoit. Stéphane viendra accompagné de ses quatre garçons, Hubert de ses trois filles et Geoffroy de ses deux gars et de sa princesse Manon. Avec les trois enfants de François, ils seront treize, âgés de trois à sept ans et demi. S'ils se retrouvent dans cette situation, c'est que leur orgueil de mâle a été titillé quelques semaines auparavant par une coalition composée de leurs femmes respectives. Lors d'un dîner un peu arrosé, elles avaient doctement déclaré que leurs hommes seraient incapables de s'occuper trois jours de leurs enfants, sans avoir besoin de les solliciter. Piqués au vif, à l'unisson, ils avaient répondu : « Chiche ! Qu'est-ce qu'on parie ? ».

Les épouses étaient sacrément préparées : « Nous dirons à nos mamans que vous êtes les maris les plus géniaux de la terre. Plus que les leurs ! ».

Alors ça, ça leur plaît aux maris ! Que leurs femmes les mettent sur la plus haute marche du podium devant leur propre papa ! Les quatre nigauds avaient accepté le deal, sans entr'apercevoir les ficelles, les cordes, du piège qui peu à peu se refermait sur leur naïveté. Les quatre épouses s'étaient regardées, victorieuses, et Jeannie, la femme américaine de Geoffroy, n'avait pu s'empêcher de dire, pas trop fort, mais suffisamment pour que les garçons l'entendent et réagissent : « Je vous l'avais dit qu'on l'aurait notre week-end entre filles. Ça a été encore plus facile que je ne l'imaginais ! »

Les garçons avaient très modérément apprécié le tour de passe-passe mais leurs paroles avaient été données. Nigauds sans doute, mais avec un peu d'honneur, quand même !

Le vendredi 8 mai, à 11 heures, c'est le débarquement. Les monospaces envahissent l'allée de la maison de François. Les papas se sont organisés et mis d'accord. L'équilibre alimentaire se régule sur une semaine entière. Pas sur trois jours. Pour les enfants ce sera nuggets, frites et bonbons du matin au soir, à volonté, p'tit déj. compris. Pour se désaltérer, le coca fera l'affaire et l'acidité contenue dans la boisson permettra un nettoyage des dents par corrosion. Pour les activités, télé, télé et télé. Le troisième jour, une bataille d'eau fera office de douche avant le retour des mamans. Le portail de la maison sera fermé pour pallier toute tentative de fugue. OR-GA-NI-SES !

Pour bien commencer le week-end, un apéro s'impose. Les deux premières bouteilles de bourgogne aligoté sont vite descendues. François est intrigué : Clémence, sa fille de 7 ans, ne joue pas avec les autres enfants. Elle est assise par terre, à une dizaine de mètres des papas. Elle leur tourne le dos, mais régulièrement, jette un regard mi-inquiet, mi-interrogatif à son papa. Un regard qui semble dire : « Il est possible que je sois en train de faire une bêtise, mais je n'en suis pas totalement sûre ».

François sent bien qu'en père responsable, il serait bon qu'il se lève pour aller juger de plus près la situation. Mais le plaisir de picoler avec ses amis l'emporte sur son devoir de père. Finalement, l'occasion pour François de se lever arrive presque naturellement. Geoffroy a besoin de remplir pour la quatrième fois son verre. Ses papilles apprécient le bourgogne. « Balles neuves ! » lance-t-il en riant de sa formule. François est ravi que la sollicitation vienne de quelqu'un d'autre que lui. Lui aussi a envie de passer au deuxième set, mais il préfère être celui qui se contente d'obéir en allant chercher les nouvelles bouteilles, plutôt que celui qui exprime le projet…et endosse le costume de l'alcoolo du week-end. En se rendant à la cave, François s'offre le luxe d'un détour d'une dizaine de mètres pour comprendre ce qui occupe autant sa fille. En découvrant ce qu'elle fait consciencieusement, une vague de dégoût l'envahit. Clémence a trouvé le cadavre d'un petit rongeur. Minutieusement, à l'aide de brindilles et probablement de ses doigts, elle s'occupe à disséquer la bête. François s'entend déjà hurler : « Lâche ça Clémence ! C'est dégueulasse. Et va te laver les mains. Cinq minutes au moins. On ne peut pas te faire confiance. Tu es la plus grande et au lieu de te comporter comme la grande sœur du groupe, tu as mis en route l'usine à conneries ! ».

François s'entend hurler...mais il ne hurle pas. Car après la réaction de dégoût, c'est l'admiration qui prend le relais avant même que les mots aient franchi le seuil de ses lèvres. François est gauche. Sa femme lui rappelle sans cesse : « Tu es ambidextre maladroit, et tu n'as que des pouces, mais je t'aime quand même. » Et François le sait : tout ce qui passe entre ses mains est en danger imminent de casse. Aussi, est-il encore plus admiratif de voir la précision des gestes de sa fille. Clémence a perçu l'admiration dans le regard de son père et lui fait part de ses découvertes : « Tu vois Papa, ça c'est l'intestin ; ce petit truc, je pense que c'est le cœur, et les deux machins un peu roses et écrasés, les poumons ».

Clémence est fière d'elle parce que François est fier de sa fille : « Ma chérie, c'est magnifique la nature ! Et avec quelle précision tu as séparé les organes les uns des autres. Tu sais, lorsque je serai un vieux monsieur, si je dois me faire opérer à cœur ouvert, j'aimerais que ce soit par une chirurgienne aussi habile que toi ! ».

Un câlin et chacun repart à ses occupations. Gustatives pour François, exploratrices pour Clémence.

À 23h00, François va embrasser Clémence dans son lit :

- Papa que faut-il faire pour devenir chirurgienne ?

- Il faut d'abord devenir médecin et ensuite poursuivre par des études de chirurgie. Enfin, je crois…

-C'est long ?

-Oui, un peu… Au moins dix ans d'études après le bac. Et c'est difficile aussi. Mais si tu veux…tu y parviendras ma fille !

François embrasse tendrement Clémence. La voix d'Hubert est parvenue à plusieurs reprises à ses oreilles :

- François, magne-toi. On t'attend pour la belote et la poire !

Dix ans après le bac ! Clémence essaie de calculer. « J'ai sept ans… Je suis en CE1…Le bac c'est vers les …17 ans…Si je fais comme mon cousin…Plus dix…Ca fait à peu près 27 ans ! C'est dans 20 ans !».

Le tournis ! Un Everest insurmontable pour cette petite bonne femme …

Février 2016. Clémence est une belle jeune fille de 22 ans. Elle a renoncé à des études de médecine. Un stage en troisième chez une avocate lui a transmis le virus juridique. Clémence a terminé son master en droit privé. Cette année, elle prépare le concours d'entrée à l'EM. L'école de la magistrature à Bordeaux !

C'est un concours difficile. Beaucoup de prétendants, peu d'élus. Clémence est sereine. Elle fait ce qu'il faut pour être reçue. Elle travaille beaucoup. Lorsqu'on lui demande les raisons de cet optimisme, elle raconte un souvenir d'enfance : « J'avais sept ans…et je m'amusais à … ». La suite, vous la connaissez.

Sans le savoir, François a ouvert un niveau d'ambition possible pour Clémence. Elle a entendu de la bouche de son père que oui, chirurgienne, c'était à sa portée. Mais il n'en a pas fait un projet castrateur. « Chirurgienne, je t'aime…autre chose…je ne t'aime pas ». Rien de plus qu'une proposition que Clémence a adoptée jusqu'à ce qu'elle rencontre son avocate. Lorsque en terminale le projet de Clémence s'est affiné : « Je ne serai pas avocate mais magistrat », les sept ans d'études ne l'ont pas fait vaciller. Dans son monde, elle a la certitude depuis bien longtemps qu'elle en est capable. Elle le sait, parce qu'un homme qui l'aime lui a dit un soir d'une belle journée de printemps.

Que nous disent ces deux anecdotes ? Elles nous aident à (re)prendre conscience qu'au-delà des qualités intrinsèques de chacun, l'avenir d'une personne dépend aussi du regard d'un interlocuteur crédible.

Crédible affectueusement, relationnellement et/ou techniquement ! Un regard porteur d'un projet qui devient intéressant, passionnant car chemin de vie possible. Autant que le projet, le regard, les mots devront permettre à nos enfants, nos amis, nos collaborateurs, de prendre confiance dans l'avenir. Dans leur avenir. Car ce projet d'avenir qu'ils percevront non pas comme une utopie mais comme un possible…vraiment possible…leur donnera l'appétit du lendemain. Un lendemain synonyme d'avancée vers un futur passionnant parce que rempli de promesses d'apprentissage et de fierté.

Naturellement, la seule proposition d'un projet ne suffira pas…Il faudra l'accompagner. Mais comme le dit cette phrase attribuée à Sénèque : « Il n'y a pas de bons vents pour le marin qui ne sait pas où il va."

Lorsqu'un collaborateur est en panne, pensons-nous à lui proposer un projet au travers duquel il pourra se voir « beau » ?

Et lorsque l'entreprise patine un peu et s'épuise à régler les problèmes du quotidien, n'est-ce pas le signe qu'elle ne dispose pas d'un projet mobilisateur ? Sans projet mobilisateur, quelles étincelles dans les yeux des dirigeants ? Et si les regards des dirigeants sont ternes, quelle énergie transmettrons-nous aux collaborateurs ? Et nous le savons, sans énergie, sans motivation, pas de performance !

Marie-José Perec est sans doute celle qui a le mieux exprimé cette idée. « La gazelle », qui par son palmarès est la plus brillante athlète française d'après-guerre, avec notamment trois médailles d'or en athlétisme aux Jeux olympiques, répondait à un journaliste qui lui demandait : « Pour vous, c'est quoi un entraîneur ? »

-Un entraîneur … Un entraîneur, c'est bien sûr une personne qui aime le sport pour lequel il entraîne. Un entraîneur, c'est une personne exigeante, précise, pédagogique, valorisante…C'est tout ça un entraîneur…Mais des entraîneurs comme ça, il y en a des centaines. Et si je n'avais rencontré que des entraîneurs comme ça, je n'aurais probablement pas eu autre chose qu'une carrière à l'échelon régional. J'ai eu la chance dans ma carrière de rencontrer des entraîneurs fabuleux qui avaient un truc de plus. Notamment John Smith. Alors je vais vous dire ce qu'avant tout est un entraîneur qui fera avec une personne assez ordinaire –à mon époque des Marie-José Perec, il y en avait potentiellement 500 en métropole-, un palmarès extraordinaire.

Un entraîneur, c'est avant tout une personne dans les yeux duquel on perçoit, ou dans les paroles duquel on entend, un projet qu'on n'avait jamais osé imaginer ou un rêve auquel on avait renoncé ».

Et vous, qu'en pensez-vous ?
Bonnes réflexions.

# 14

Ma chérie, il manquait trois minutes de cuisson pour que ton gratin soit parfait.

Julien, papa de Léa : « Ma chérie, comment s'est passée ta journée d'école ? »

Léa, petite fille de deux ans et presque demi : « Très bien Papa, regarde mon dessin, il faullait dessiner une maison »

Julien, en mode instituteur : « Ma puce, on ne dit pas « il faullait » mais il fallait »

Léa, en mode petite fille étonnée et déçue : « … »

Et pourtant….Il **chan**te…Il **chan**tait…Il **marche**….Il **march**ait….Il **faut**…Il **fau**llait.

Simon, grand garçon de 20 mois : « Papa, oh ! Tu as vu les chevals ? »

Olivier, jeune papa de 30 ans, agrégé de lettres et pas très ouvert à la moindre prise de distance avec l'orthodoxie grammaticale: « On dit les chevaux ! »

Simon, silencieux : « Je lui parle « regard sur le monde », « découverte de la nature », « plaisir d'un moment partagé »…et lui mon Papa que j'aime quand même, il me répond « grammaire ! »…On n'a pas les mêmes valeurs ! »

Ah oui ? Des chevaux ? … Une maison…des maisons…Une boîte…Des boîtes…Un garage…Des garages…Un cheval…des chevals.

Clément, quatre ans : « J'ai un nouveau copain. Il est portugalais ».

Adrien, papa qui sait pas mal de trucs quand même : « Mon gars ! C'est rigolo portugalais, je le répèterai à ta mère, mais je ne peux pas te laisser dire ça. Les habitants du Portugal, puisque c'est de ce pays dont est originaire ton nouveau copain, s'appellent les Portugais. D'ailleurs sais-tu que l'on peut évoquer l'ensemble des pays dont la langue est le portugais par le vocable Lusophonie. On l'oublie trop souvent, mais le portugais est la septième langue la plus parlée dans le monde. Détail amusant,

Clément......Clémeeeeeeeent, écoute-moi et arrête de jouer avec cette voiture pendant que je te parle...Alors, j'en étais où ? Ah oui, détail aussi amusant qu'instructif, le Portugal n'est pas le pays où l'on parle le plus portugais ! Incroyable, non ? Le pays où l'on parle le plus portugais, c'est le Brésil... 206 millions d'habitants. Capital du Brésil : Lima. Au sujet du Brésil, t'ai-je déjà dit que .... »

Clément, in petto, un œil sur son papa, l'autre sur sa voiture et les oreilles fermées : « J'aurais mieux fait de me taire ! »

Portugais. Voyons, voyons ? C'est certain ça ? Le Sénégal, un Séné**galais**, le Népal, un Né**palais**, le Portugal, un Portu**galais.**

Caroline et François sont mariés depuis sept ans et très amoureux l'un de l'autre. Mais depuis un mois, rien ne va plus. Une sombre histoire d'injoignabilité par téléphone et un retour un peu trop tard de François un soir de semaine, a semé un doute dans l'esprit de Caroline. Depuis, l'ambiance à la maison c'est « soupe à la grimace » et dans le lit conjugal « Bienvenue à l'hôtel des culs tournés » ! Caroline est une femme intelligente. Elle sait que pour sortir des turbulences, il faut ranger son ego et tendre la main. Alors, pour une fois, le 14 février se présente comme une aubaine. La Saint Valentin servira de levier à une réconciliation. Caroline n'est pas très fan de cette fête qu'elle juge commerciale ; pour autant, elle vivrait assez mal que cette soirée ressemble à une soirée ordinaire. Aussi, elle décide de poser une journée de RTT, de faire garder les enfants par sa maman, afin de préparer un repas romantique à son nigaud de mari. Le 14 février, à 19h30 tout est prêt. En plat principal, gigot d'agneau et gratin dauphinois. Le péché mignon de François, qui quelque temps avant leur mariage avait déclaré : « Rien que pour tes talents de cuisinière, je t'épouserais ». Ce compliment dans la bouche de François n'avait pas été reçu comme tel par Caroline. Mais venant de lui, elle l'avait accepté en souriant. Lorsque François arrive, les halogènes sont endormis et les bougies ont pris le relais. Très classique, les bougies, mais on n'a pas fait mieux depuis des siècles pour « romantiser » une ambiance. François, aussi nigaud soit-il, a lui aussi préparé une petite surprise. Un bouquet de bonbons, auquel est accrochée une petite carte, sur laquelle de son écriture de gaucher contrarié et maladroit, il a écrit :

« J'vous ai apporté des bonbons, parce que les fleurs c'est périssables et les bonbons c'est tellement bon. Et puis aussi, parce que même si tu m'éneeeeerves, je t'aimmmmmmmmmmmmmeu ! François Brel, ton gentil mari. »

Les signaux amoureux que Caroline et François se sont envoyés les propulsent dans les bras l'un de l'autre. L'apéritif au Pouilly-Fuissé, le gigot-gratin dauphinois accompagné de Châteauneuf du Pape, le généreux plateau de fromages et la mousse de fruits aérienne ont été un fil conducteur savoureux de leur soirée de retrouvailles. Le café est pris, et les deux amoureux sont silencieux, se dévorant du regard…Les estomacs sont calmés mais pas leur manque d'amour. Ils ont encore faim. Très faim. Avant de passer à la deuxième partie de soirée, François improvise en guise d'entracte, un petit discours :

- Mon amour, je suis touché, ému et tellement reconnaissant. Je sais à quel point tu es inquiète depuis deux semaines et les trésors d'intelligence dont tu as fait preuve pour m'offrir cette magnifique soirée. Je sais aussi à quel point tu es débordée de travail et ta journée de RTT, tu vas la payer cash dans les jours qui viennent pour rattraper ce que tu n'as pas pu faire aujourd'hui, car tu t'es engagée sur des délais et tu es une femme de parole. Je sais les trésors de persuasion dont tu as fait preuve pour parvenir à faire accepter à ta maman la garde de nos deux gentils monstres. Je sais les secondes, les minutes et les heures d'amour dans chacun de tes plats… »

Caroline est heureuse. Son homme l'aime et elle aime son homme.

- Cependant, si je peux me permettre un conseil pour la prochaine fois… Trois minutes de cuisson en plus pour le gratin dauphinois. Certaines pommes de terre au centre étaient encore un peu dures. Rien de grave. 17/20 ! C'était vraiment bon…mais ça pourrait être parfait ! »

Caroline a soupiré au point d'éteindre les bougies. Les halogènes ont repris du service de nuit : « Je te laisse débarrasser. Comme tu l'as dit, demain la journée sera difficile, il faut que je rattrape le boulot pas fait aujourd'hui. »

Cette nuit encore, au-dessus du lit conjugal, une enseigne clignotait « Bienvenue à l'hôtel des culs tournés »

Le sommeil de Caroline a été agité. Dans son rêve un huissier apportait un pli à François. Sur le pli la mention « Affaires familiales » apparaissait. François, déguisé en pomme de terre trop cuite, ouvrait le pli et s'évanouissait.

François n'a pas trouvé le sommeil. Une question lancinante l'a maintenu éveillé toute la nuit :

« Mais qu'est-ce que j'ai encore fait ? Mais qu'est-ce que j'ai encore dit ? »

Caroline a raison. François est un nigaud. Un bon gros nigaud.

Que nous sommes pressés de corriger ! Quatre exemples pris dans le cadre familial. Probablement vous êtes-vous reconnus dans l'un ou l'autre. Ou les quatre. Comme « corrigé » ou « corrigeur ».

Nous corrigeons trop et trop vite.

Parfois pour des raisons d'ego mal placé : je veux montrer que je sais, moi ! Et je corrige sur un détail sans importance…en prenant le risque de couper l'élan de celui qui parle et peut-être de l'inhiber et de le réduire au silence…Comme ce petit gars qui fait preuve d'observation et d'émerveillement en partageant le bonheur de sa découverte et qui comme seule réponse se prend un cours de grammaire…Oui, on est d'accord, on dit bien des chevaux…Et un jour, il faudra que Simon ne fasse plus l'erreur…Mais rien ne presse…Un comptable n'apprend pas en une demi-journée à se servir d'un nouveau logiciel. Avant qu'il le maîtrise et que le nouveau logiciel lui fasse gagner du temps…il lui en fera perdre… Beaucoup la première semaine. Un peu la deuxième. Plus du tout la troisième. Il lui en fera gagner après un mois d'utilisation. Si nos corrections – tu oublies toujours d'enregistrer entre deux factures ! -  ou l'expression de nos déceptions –ça ne va pas assez vite – ne l'ont pas découragé définitivement. Dans ce cas-là, comme le comptable est bien élevé et prudent, jamais il ne remettra en cause le management négatif et pressant de son manager mais le logiciel : «Il est nul ce logiciel. L'ancien était largement mieux ».

Apprendre nécessite de changer des habitudes, de perdre des anciens réflexes pour en installer des nouveaux…Il faut longtemps chasser le naturel pour qu'il se contente de ne revenir qu'au trot. Alors de là à ce qu'il disparaisse totalement !

Et nous, ne sommes-nous pas trop souvent sur-réactifs pour pointer l'erreur ? « Tu t'es trompé. Là ! Ici ! » Et beaucoup moins pour accuser réception de la découverte, du progrès : « Tu as raison ma chérie, je ne les avais pas vus… »

« Viens on les appelle. On va essayer de les caresser ».

« Tu devais dessiner une maison ! Tu me la montres, ma puce ? …. « J'aime beaucoup les fleurs dans le jardin. Ton dessin est très coloré. J'aimerais vivre dans une maison comme celle-ci. Peut-être seras-tu une future architecte ? »

En valorisant la découverte exprimée, l'investissement, l'effort, le progrès, les premières réussites, on met de l'engrais sur la curiosité, sur la dextérité et sur l'envie de partager ! C'est merveilleux ! La grammaire, le dessin, la comptabilité ou la vente deviendront alors des territoires passionnants. Parce que ce seront des lieux de reconnaissance. Des promesses futures de maîtrise d'un environnement aujourd'hui casse-gueule.

Et pour les « chevals », chaque chose en son temps …Ça viendra. En deux ans, Simon a appris 80 % des règles d'accord et de syntaxe. Laissons-lui un peu de temps pour mémoriser les exceptions. Un jour, il dira « les chevals » et se corrigera « euh, non les chevaux ». Puis un jour, il dira « les chevaux ».

Corriger trop vite, c'est donner une compétence supplémentaire mais détériorer la confiance. Et la confiance prime sur la compétence. La confiance en soi sur l'apprentissage et la confiance en l'autre sur sa bienveillance et sa capacité à me faire grandir en savoir-faire et en estime.

Revenons à notre comptable qui aujourd'hui a traité 50 factures avec le nouveau logiciel alors qu'avec l'ancien, il en traitait 100. Bientôt, l'utilisation du nouveau devra lui permettre d'en traiter 140. Alors que faisons-nous ? Que choisissons-nous ? D'avoir raison dans notre analyse de sa relative incompétence actuelle et prendre le risque de le décourager : « 50 factures ! On est loin des 150 ! Va falloir s'y mettre sérieusement, hein ! »

Ou de gagner avec lui en acceptant de taire des manques aujourd'hui bien légitimes : « Je sais que c'est galère de s'habituer à un nouveau logiciel. Je suis content que vous ayez franchi le pas. »

-Oui, mais je n'ai fait que 50 factures !

-Je peux vous dire ce que j'en pense ? Oui ! Je suis content que ça vous ennuie, ça prouve que vous êtes consciencieux et attaché à atteindre l'objectif. J'adore ça ! Mais pour aujourd'hui…je m'en fous. Votre investissement finira pas être rentable…A chaque jour suffit sa peine ! Vous avez bien bossé aujourd'hui. Bravo et merci !

Qu'il est difficile d'accompagner un vendeur chez un client et de ne pas prendre sa place pour le corriger dès lors qu'il omet de poser une question, de donner une information ! Mais quel est l'enjeu de notre accompagnement ? Un enjeu court terme : signer ? Ou un enjeu moyen terme : le faire progresser et augmenter son envie de s'investir ?

Et curieusement, on ne fait pas progresser en corrigeant mais avant tout en arrosant d'une eau pure les microprogrès : « J'ai vu la qualité de ta prise de notes. Cinq pages. Si tu savais à quel point c'est valorisant pour le client de se savoir vraiment écouté ! Et un client écouté, c'est un client qui se livre plus, et qui est prêt à nous écouter à son tour. Juste essentiel dans notre métier de la vente. »

Cette eau pure sera doublement bénéfique : elle permettra de donner encore plus de motivation à la prise de notes et donnera suffisamment de jus au vendeur pour être lui-même lucide sur son manque.

- Oui, mais j'ai un problème sur l'argumentation de mon offre !

- Gautier, si tu as un problème, j'ai aussi un problème. Je suis solidaire. Et puisque tu dis avoir un problème pour expliquer ton offre, et non pas que le client n'y comprend rien, notre problème est quasiment résolu. On s'en occupe la semaine prochaine !

Et si avant de corriger, nous nous posions systématiquement la question : « Avant de montrer l'erreur, de former, suis-je certain d'avoir mis en lumière les progrès techniques et comportementaux ? »

Et vous, qu'en pensez-vous ?
Bonnes réflexions.

Ps : Si vous avez eu une envie impérieuse de me faire savoir que Lima n'est pas la capitale du Brésil, puis-je vous suggérer une deuxième lecture de ce billet ? Et inutile de m'envoyer un mail à ce sujet. Tout le monde sait que la capitale du Brésil, c'est Quito !

# 15

## Vous avez intérêt à être bon !

La responsable comptable d'une PME me faisait remarquer à quel point manager était un exercice difficile : « On gère des personnes aux profils très différents, parfois que l'on n'a pas choisies. Le passé de chacune dans l'entreprise est très différent…Parfois fait de bons souvenirs, mais aussi de périodes durant lesquelles elles ont été malmenées. Souvent, un mix des deux. La pression mise par la direction générale sur les résultats est forte et il faut savoir la redescendre sur ses collaborateurs … Mais pas trop pour ne pas les tétaniser devant l'enjeu. Alors, on prend sur soi, on fait le tampon, on encaisse. Pire, les collaborateurs ne sachant pas les pressions qui pèsent sur nos épaules, et c'est bien normal, sont toujours plus exigeants : ils veulent être reconnus, qu'on leur porte suffisamment d'attention, qu'on les rassure … Et ils  ne manquent pas de nous faire un retour d'image très direct quand ils ne nous considèrent pas à la hauteur de leurs attentes.

Soudainement, il m'est venu une idée. Ça arrive ! « Peut-on ressortir votre fiche de poste (ou lettre de mission) pour la relire ? Que trouve-t-on dedans ? »

En résumé, la fiche de poste décrit les missions du salarié. Dans le cas présent, la responsable comptable devait assurer :

-Le contrôle et le paiement des factures fournisseurs

-L'édition et le contrôle des factures clients

-Le recouvrement des factures

-La tenue des tableaux de bord comptables

-La préparation des bilans

- Etc..

Elle disposait pour réaliser CES missions…qui devait devenir SES missions… d'une équipe constituée de trois personnes.

Rien ne vous surprend dans cette description de fonction ?

Et bien moi, si !

On lui demande d'assurer. Ça veut dire quoi ? De faire elle-même ? Non, bien sûr. L'entreprise lui demande de faire en partie mais aussi, et surtout, de faire faire par ses collaborateurs l'ensemble de ces missions. Qu'est-ce que cela veut dire ? Que notre responsable comptable doit savoir éditer une facture client ou réaliser son recouvrement ? Oui, c'est vrai ! Elle doit savoir le faire pour pouvoir contrôler que les choses sont faites correctement. Il s'agit de l'indispensable autorité de compétences liée à certains encadrements d'équipe au métier technique. Mais sa vraie mission est bien de s'assurer que ses collaborateurs mènent leurs tâches correctement et avec attention. Elle doit donc s'assurer que ses collaborateurs sont compétents pour réaliser leurs missions, les former (ou les faire former) pour qu'ils puissent y parvenir, les motiver et les impliquer pour qu'ils aient envie de bien faire, les féliciter ou les recadrer lorsque la situation l'impose…

Sa vraie mission, le cœur de son métier, est donc de manager son équipe. Pas d'éditer des factures. Ça elle peut le déléguer. Pas le management.

Observons ce que le l'entreprise a mis en œuvre pour aider notre responsable comptable à réaliser sa mission :

-Est-elle issue initialement d'une école de management ? Non, elle a un diplôme de comptabilité. Et c'est très bien.

-A-t-elle reçu des formations professionnelles de management par l'entreprise ? Non, elle a été formée au logiciel de comptabilité maison, elle a suivi une formation pour se remettre à jour sur le nouveau plan comptable. Mais sur le management…Rien.

Je suis toujours étonné qu'il semble évident pour tout le monde qu'un responsable des paies soit formé sur le logiciel des paies, qu'un comptable le soit sur le logiciel de comptabilité, qu'un cariste le soit sur la conduite d'engins mais pas qu'un manager « comptable » ou technique », « administratif », « sportif » … soit formé au management. Comme si la maîtrise du matériel ou des logiciels était plus importante que la maîtrise de management des femmes et des hommes, des collaboratrices et collaborateurs. Comme si manager n'était qu'une question d'intuition ou de neurones managériaux dont nous serions dotés à la naissance…ou pas. Comme si la petite taille de l'équipe laissait penser qu'une formation management ne se justifie pas pour le chef de service. Comme si l'expertise des comptables embauchés (e)s suffisait à garantir que le travail sera fait et bien fait. Comme si le manager des comptables n'était qu'un comptable « plus » avec une mission de distribution du travail…Et ce qui est vrai pour le chef comptable l'est tout autant pour le chef d'équipe sur une ligne de production, le maître d'hôtel dans un restaurant, le responsable des planning d'une flotte de camions au volant desquels il y a …des conducteurs…à manager !

Nous savons qu'une entreprise peut fonctionner avec des moyens techniques limités et des hommes motivés et impliqués. En revanche, une entreprise équipée à la pointe de la technologie mais avec des hommes sans implication et sans motivation ne parvient à …pas grand-chose.

Que vous soyez directeur général, chef d'équipe, directeur de production, responsable informatique, chef de rayon…prenez le temps de reprendre votre fiche de poste (si vous avez la chance d'en avoir une, ce n'est pas toujours le cas) et regardez ce qui y est écrit. Vous demande-t-on de faire ou de faire faire ? Vous demande-t-on de savoir remplir un rayon (pour le chef de rayon) ou de gérer l'équipe qui va mettre en rayon les produits ?

Faire vous-même ou manager les collaborateurs qui vont faire ?

Manager des collaborateurs est un vrai métier, un métier difficile, exigeant et qui demande une attention de tous les jours, de chaque instant. D'ailleurs, si vous pensez à votre propre expérience de collaborateur, je suis sûr que vous saurez dire immédiatement quels sont les bons managers que vous avez rencontrés et ceux qui l'étaient moins ou pas du tout. Et vous saurez discerner très facilement pourquoi : manque de reconnaissance, management inégalitaire, absence de projet, exigence « mou flou », etc. Nous attendons tous beaucoup de nos managers respectifs.

Manager une équipe n'est pas un "chantier" facile, ni même une sinécure. Manager est un métier avec ses lois, ses principes d'actions, ses fondamentaux, ses process, ses basiques, ses techniques, ses méthodes …Un métier qui ne s'improvise pas ! Et comme pour tout métier, il faut apprendre et s'entraîner à appliquer. Se former et se re-former régulièrement est donc un impératif.

Au-delà des effets sur l'entreprise et sa performance, un management plus professionnalisé contribue de façon importante à humaniser les relations au travail. Faire du travail un lieu d'épanouissement humain. Un beau projet en soi ! Mêler l'exigence qui fait grandir à la reconnaissance qui nous fait exister et prendre confiance en nous. Quitter chaque jour l'entreprise en se sentant un peu (même un tout petit peu) plus grand, plus fier, plus heureux de ce que nous avons accompli. Et donc y revenir chaque matin avec enthousiasme !

Je conclus ce billet par un grand **MERCI** !

**MERCI** à vous managers, qui chaque jour travaillez pour faire réussir votre entreprise, servir vos clients et faire grandir vos collaborateurs.

Par un geste, une écoute attentive, quelques mots d'encouragement, de l'exigence, du courage... vous semez tous les jours des graines de performance et d'humanité.

Et vous, qu'en pensez-vous ?
Bonnes réflexions

# 16

# J'ai mon papier rose !

On avait bien dit à Louison de patienter quarante-huit heures. Elle n'a pas pu. Frénétiquement, à chaque heure, souvent plus, elle se rendait sur le site internet sur lequel les résultats à l'examen du permis de conduire étaient consultables. Quarante-huit heures après l'examen. Pas un quart d'heure, six heures ou vingt-quatre heures… Quarante-huit heures… Au moins. Le « au moins » avait laissé espérer à Louison que ça pouvait être aussi « au plus ». Pas de chance, c'était bien au moins. « J'ai passé mon permis mardi à 15h00, nous sommes jeudi 15h00 et toujours rien sur ce p----- de site ! ». Impatiente, Louison pouvait devenir vulgaire. Enfin, à 16h22, lors de sa 77ème connexion, un message annonçait que les résultats étaient en ligne. La maman de Louison priait pour que le sésame lui soit délivré. Elle n'envisageait pas de revivre la manière de Louison d'exprimer sa déception  face aux échecs : les 3 A - agressivité, apathie et anorexie- Parfois avec une variante : les 2 A 1B : agressivité toujours, apathie encore, boulimie. La maman de Louison est prof de math. Les formules, ça la rassure.

« Je l'aiiiiiiiiiiiiiiii…J'ai mon papier rose ! ». La voix stridente de Louison est reçue par sa maman comme une douce mélodie. Fini le cauchemar, la plaisanterie a duré 2 ans, trois tentatives, beaucoup de tension, d'engueulades et 2300 €.

Le soir même, la nouvelle conductrice est célébrée par un apéro-dînatoire au champagne. Habituellement, la famille se contente d'un correct mousseux pour célébrer les événements importants de la vie familiale. Le champagne, c'est pour l'extraordinaire. Gérard, le papa de Louison, n'a pas hésité une seconde. Ce sera champagne. Louison a presque été vexée ! Durant la soirée, Louison a tenté de convaincre son père de la faire conduire dès le lendemain et souvent pour qu'elle ne « perde pas la main ». Gérard, ironique, lui a fait remarquer que pour « perdre la main encore eut-il fallu que tu l'aies eue un jour ! ». La soirée s'est terminée sur une ambiance soupe à la grimace :

« Tu me fais jamais confiance »

« Fais-toi la main avec la voiture que tu t'achèteras. T'as qu'à arrêter de cloper, t'auras les ronds pour la bagnole, le carburant, l'assurance, l'entretien. Je financerai le petit sapin désodorisant ».

Louison est partie se coucher en se contentant d'embrasser tendrement sa maman.

Samedi matin, Gérard sourit en buvant son café. La nuit l'a inspiré. Surtout bien coaché par Sylvie, sa femme, qui a su trouver les mots pour l'aider à changer d'avis. Il a donc décidé que sa fille irait chercher son petit frère, de retour de stage linguistique à Londres, à l'aéroport. Sortir de la ville, prendre l'autoroute, se perdre dans les parkings, affronter la circulation…Un bon échantillon des difficultés routières pour une « A » comme il aime à l'appeler depuis l'ouverture la veille de la deuxième bouteille de champagne : « Ma chérie, tu avales rapidos un bol de Crac Crouc Cric craqués et tu vas chercher ton frère à l'aéroport ! "

Louison est ravie, presque heureuse. Il s'ensuit une émouvante déclaration d'amour filial à base de « meilleur Papa du monde », « trop contente », « je ferai tout ce que tu voudras »… La traînarde du samedi matin se transforme en Marie-José Perec…Petit-déjeuner, douche, maquillage, habillage : 13'25''. Record battu. Nouveau record à battre.

Gérard lance la clé de la voiture à Louison. Qui ne l'attrape pas.

« Eh bé, c'est de bon augure ! Allez, on y va ! »

« On ??? On y va… Ah non, pas avec toi. J'y vais seule »

Si Louison est tenace, Gérard l'est encore plus. Père et fille se retrouvent côte à côte. Louison visiblement stressée, Gérard très visiblement faussement détendu.

Louison est consciencieuse ! Elle règle ses rétros comme à l'auto-école sous le rire moqueur de son père : « On n'est pas encore parti ! J'espère que l'avion aura du retard ».

Louison démarre et cale. Redémarre et recale. Re-redémarre et re-recale.

Gérard ironise. Re-ironise. Re-re-ironise.

La voiture roule enfin !

« Attention au feu ! ». « Fais gaffe à la Mamie ! » « Regarde bien dans ton rétro »…

À chaque conseil, Louison soupire…et omet un contrôle, une anticipation qui justifient une nouvelle remarque acerbe paternelle.

Louison est excédée. Elle est à bout. Elle profite du parking de Carrefour Market pour s'arrêter et descendre de la voiture, sous le regard incrédule de son père : « Je rentre à pied. Ras le bol. À plus »

Le temps pour Gérard de comprendre, Louison est déjà loin. Dans 25 minutes, son fiston sera à l'aéroport. Plus de temps à perdre. Gérard, en expert de la conduite, se faufile dans la circulation et s'interroge : « Mais qu'est-ce que j'ai encore fait ? »

Que c'est difficile d'accompagner un débutant !

Et nous, managers ? Qu'en est-il de nos délégations de missions ? Faisons-nous bien la différence entre formation et mise en autonomie ?

Lors de nos formations, notre pédagogie est-elle adaptée pour créer le climat serein de l'apprentissage ?

Et lorsque nous déléguons, nos briefings et nos débriefings sont-ils vraiment adaptés au niveau d'autonomie de nos collaborateurs ? Débutants, confirmés, experts ?

En globalisant le niveau d'autonomie du collaborateur sur l'ensemble de son métier, nous allons nous tromper sur le mode d'accompagnement. En effet, un expert sur la mission principale est trop souvent considéré comme expert sur l'ensemble du métier, avec le risque d'un mode de pilotage en décalage.

Expert de la conduite sur l'autoroute ? Soit ! Mais qu'en est-il de la conduite un vendredi à 17h00 sur le rond-point des Champs-Elysées ? L'expert pour réaliser une maquette de maison ne l'est pas forcément pour la présenter au client. Si nous globalisons le niveau d'autonomie du collaborateur, notre briefing pour la présentation de la maquette au client sera pédagogiquement le même que le briefing pour la réalisation de celle-ci : rapide et concis. La maquette sera parfaite mais la présentation qui en sera faite au client sera désastreuse. Et le client fuira…

Et vous, qu'en pensez-vous ?
Bonnes réflexions.

# 17

## J'ai oublié mon parachute

*S'*il n'y a pas de manières de mourir intelligentes, certaines semblent plus absurdes que d'autres. Celle de Jean-Marc fait partie de celles-ci.

Virginie, sa veuve, nous raconte :

« Quand j'ai connu Jean-Marc, nous avions seize ans. Rapidement, je suis tombée très amoureuse de ce grand gaillard aux cheveux longs, un peu rebelle et très déterminé. Un saut en parachute en tandem, offert à l'occasion de son quinzième anniversaire, lui avait donné une certitude. « Lorsque je saute en parachute, je suis vraiment libre. Je veux être libre souvent. Je gagnerai ma vie en sautant en parachute ». A 21 ans, Jean-Marc a obtenu le DESJEPS : Diplôme d'Etat supérieur de la Jeunesse, de l'Education populaire et du Sport spécialisé « performance sportive ». C'était le must ! Avec cette qualification, il pouvait tout envisager. Très vite, il a créé sa petite structure « Vol au vent ». Il intervenait auprès de clubs pour former des parachutistes et comme il l'avait lui-même vécu, participer à des baptêmes de sauts. Mais son contrat coup de cœur était sans aucun doute celui qu'il avait signé avec la FFP – Fédération française de parachutisme -. Sa mission, trois jours par semaine, consistait à filmer l'équipe de France de voltige, afin de faciliter le débriefing suite aux sauts. La vidéo ne triche pas et permet un regard ultra-précis sur les enchaînements.

Ce contrat, c'était sa grande fierté. Dans les premiers temps, il était tellement soucieux de bien faire qu'il rapportait son parachute à la maison. Il passait des heures, chaque après-midi, à le plier. Je l'entends encore : « Mon amour, l'ennemi du parachutiste ce n'est ni le vent, ni la pluie, ni la météo...mais lui-même. Si le parachute n'est pas bien plié, le risque qu'il se mette en torche durant le saut est énorme. Et là, c'est le rendez-vous assuré avec la grande faucheuse. Celui qui doit plier son parachute, c'est le parachutiste. Personne d'autre. »

Lui, tellement déconneur habituellement, prenait lors de ses déclarations un air de chef d'Etat annonçant l'inéluctabilité de la Troisième Guerre mondiale. Le matin, il partait très tôt, puis il attendait les sauteurs devant l'avion, son parachute de douze kilos solidement accroché sur son dos. Saut après saut, réussite après réussite, Jean-Marc prenait de plus en plus confiance. Son ultra-vigilance des débuts avait laissé place à une simple vigilance :

après le saut, il pliait son parachute à l'aérodrome, puis il le rangeait dans son casier jusqu'au prochain saut. De la vigilance, il est ensuite passé à la négligence…Peu à peu… Millimètre après millimètre, en prenant un peu de distance avant et après chaque saut, avec un basique de son art… La transformation entre mon Jean-Marc rigoureux et mon Jean-Marc dilettante s'est déroulée sur neuf ans. Totalement imperceptible. Chaque saut réussi lui donnait un atome de confiance supplémentaire ou plutôt, depuis quelques années, un atome d'euphorie. Dans la manière dont il parlait de sa réussite, il y avait déjà les indices d'un accident inévitable. La première année, lorsque ses amis lui demandaient d'expliquer sa réussite, il répondait : « Je fais systématiquement ce qu'il faut faire pour que l'accident n'ait pas envie de venir à ma rencontre ».

Deux semaines avant sa mort, à la même question, il répondait :

« 10 ans que je fais le taf. J'ai ça en moi. Sans vouloir me vanter, en toute modestie et avec humilité, je crois pouvoir dire : je suis bon ».

Et lorsque l'on passe pour expliquer son succès de « Je fais » à « Je suis », on est en danger de mort…Mais ça, je l'ai compris bien trop tard. Ainsi, à la vitesse à laquelle poussent les arbres, Jean-Marc a fini par ne plus rien appliquer des basiques de préparation et de sécurité de son métier. Personne n'a jamais vu un arbre pousser. A l'exception de ceux qui, fumant une herbe de mauvaise qualité, se retrouvent en état de conscience modifiée. Pourtant, c'est une certitude, les arbres poussent. Personne n'a compris que peu à peu, Jean-Marc se mettait en danger. Pourtant, écart après écart, abandon après abandon, il se mettait bel et bien en danger !

Depuis deux ans, trois peut-être, après les sauts, il laissait son parachute en vrac, ouvert, dans un hangar. Il se contentait le matin de le plier et allait, ensuite, prendre un café au club-house et lire quelques pages de l'Equipe. Rapidement, c'est l'inverse qui s'est produit : le café et l'Equipe d'abord, le pliage ensuite. Le café et la lecture de la presse ont pris de plus en plus de temps au point que chaque matin, les sauteurs l'attendaient dans l'avion pour décoller. Alors il arrivait, son parachute pas encore totalement prêt, et terminait le pliage dans l'avion…A grands coups de pompes pour le faire rentrer dans le sac…Pas très orthodoxe comme méthode…

Un jour, il a été surpris. Le temps entre le décollage et le moment de sauter lui a semblé plus court. Le pilote a ouvert la porte et a crié « Sautez ! ».

« Déjà ! » a juste dit Jean-Marc, se souvient Stéphane, un des sauteurs.

Les sauteurs ont sauté…avec leur parachute. Jean-Marc a suivi….sans le sien… juste avec sa caméra en position « on ». Lorsqu'il a voulu ouvrir son parachute, Jean-Marc a compris. D'une voix blanche, presque résignée, on l'entend dire sur la vidéo récupérée : « Et merde ! Mon parachute ».

« Et merde ! Mon parachute » auront été ses dernières paroles. Y'a mieux quand même, non ? Il avait 31 ans.

Dans certains métiers, l'oubli d'un geste fondamental peut être mortel pour celui qui oublie ou pour ceux qui sont censés bénéficier d'une prestation :

- un électricien qui ne disjoncte pas "au général" pour gagner un peu de temps,
- un restaurateur qui ne vérifie pas la fraîcheur des aliments qu'il va servir à ses clients,
- un chirurgien qui ne compte pas les corps étrangers qui entrent dans l'organisme et qui doivent en ressortir avant de le refermer…laissant une compresse dans un poumon.

Lorsque l'accident arrivera, il sera tellement dramatique qu'une enquête sera faite et montrera le manque, la prise de distance avec ce qu'il aurait fallu faire. Le lien entre le drame et la cause sera évident. S'il doit y avoir justice, il y aura justice. Peut-être n'y aura-t-il que des pleurs. Parfois justice et pleurs.

Mais bien souvent, et heureusement, la non-application d'un geste fondamental et la prise de distance avec ce qu'il faut faire ne provoquent pas des conséquences aussi désastreuses et dramatiques. Tout cela passe presque inaperçu, fragilisant l'entreprise comme un virus affaiblit un organisme : un peu de performance commerciale en moins, une qualité un peu dégradée, un client un peu moins satisfait, un collaborateur un peu moins heureux…Ces petits « un peu » rajoutés les uns aux autres finissent par faire un « gros beaucoup trop » qui sera un jour sûrement la raison d'une entreprise en difficulté.

Des managers qui ne prennent plus le temps de dire bonjour individuellement à chaque collaborateur, perdant ainsi toute crédibilité…quand bien même ils animent brillamment des réunions et que les entretiens d'évaluation sont faits.

Des DRH qui ne ferment pas systématiquement à clé la porte de leur bureau lorsqu'ils n'y sont pas…et se font subtiliser le dossier qu'il ne fallait surtout pas se faire voler.

Une opératrice qui ne prend par les deux minutes nécessaires à la maintenance de sa machine-outil, ce qui va provoquer la casse brutale du moteur, un arrêt de production de plusieurs jours et une dépense de plusieurs milliers d'euros pour la réparer.

Un assistant de direction qui oublie que taire ce qu'il entend durant les CODIR est un devoir et qui par ses bavardages, délivrera des informations qui provoqueront une grève surprise.

Un vendeur qui se rend chez un prospect, sans carte de visite et bon de commande, et qui manifeste ainsi au client un désintérêt qui tuera dans l'œuf toute velléité d'achat.

Un policier qui surévalue l'âge d'un prévenu sans papiers d'identité et qui rendra la procédure caduque à cause d'un vice de forme : la non présentation du gardé à vue à un médecin lors de la première heure de garde à vue…

Un prof de math qui pour gagner du temps et s'assurer de terminer le programme, élude systématiquement la question :

« Avant de poursuivre, avez-vous des questions au sujet du dernier cours ? » et peu à peu perd les deux tiers de la classe.

La performance durable ne peut se dispenser de la rigueur sur ce qui semble être des détails juste bons pour les débutants. Un expert qui échoue doit être débriefé en lui posant les dix questions sur l'application des dix premiers gestes fondamentaux de son métier qu'il a appris au début de sa formation … Dans la très grande majorité des cas, son échec ne doit rien à la conjoncture mais à une prise de distance certaine avec les conditions de succès de son métier…Bref, il s'est fait avoir comme un débutant.

Et nous, managers, sommes-nous certains que ces fondamentaux sont absolument clairs dans l'esprit de nos collaborateurs ? Sommes-nous convaincus qu'ils sont appliqués ? Convaincus car nous faisons aveuglément confiance ou convaincus car nous regardons, nous interrogeons ?

Et nos fondamentaux de managers, sommes-nous capables de les réciter comme la table de 5 et de les appliquer aussi facilement et spontanément que nous lisons ce billet ?

Oui ? Bravo, votre parachute est bien plié et sur votre dos.

Non ? Ne montez pas dans l'avion !

Et vous, qu'en pensez-vous ?
Bonnes réflexions.

# 18

## Je ne veux pas être piéton

« Mes collaborateurs sont adultes, ils savent si ce qu'ils font est bien ou mal. Ils prennent leurs responsabilités ! »

Mea culpa…Je sais que sur l'autoroute je ne dois pas dépasser le 130 km/heure. Je sais que chaque kilomètre par heure en plus de la limite autorisée accroît de 4% les risques d'accidents mortels…A 155 km/heure, je double le risque de provoquer un accident mortel. Je sais qu'en cas d'accident, une autre voiture et donc l'ensemble de ses passagers seront victimes de mon incivisme…Je sais tout ça ! Et pourtant, trop souvent je dépasse les limites autorisées…Curieusement, un premier flash me rend furieux quelques heures puis me calme quelques semaines…Un deuxième quelques mois et lorsque qu'il ne me reste qu'un point sur mon permis, je sais respecter le code de la route de longues années…Car je sais que l'administration sera inflexible…Et je ne veux pas être piéton. Que c'est tentant d'outrepasser le cadre d'exigence ! Mais ce cadre, cette exigence fondamentale, pourquoi existe-t-il ? Pourquoi le préparateur de commande doit-il s'astreindre à porter de lourdes et inélégantes chaussures de sécurité ? Pourquoi un vendeur en magasin doit-il accepter d'arrêter de passer ses commandes dès lors qu'un prospect rentre dans sa boutique, pourquoi une infirmière doit-elle se laver soigneusement les mains et les avant-bras entre chaque intervention ? Pour une seule raison….Ces gestes conditionnent la réussite de l'entrepôt, du commerce, de l'hôpital… La vie future de chaque entreprise se gagne chaque seconde dans l'application des fondamentaux de chacun des collaborateurs : de l'intérimaire au PDG.

Ne pas recadrer un collaborateur qui prend le large par rapport aux rives du cadre d'exigence, c'est à moyen terme affaiblir l'entreprise et chacun des collaborateurs qui la constituent.

Nous sommes tous tentés, rarement ou souvent, par flemme, par défi…de nous éloigner d'une exigence non négociable. Aussi, si le hors-jeu est humain, le recadrage l'est encore plus.

Si nous savons recadrer de manière égalitaire, en quelques secondes, sans élever la voix, sans colère, sans en faire état…Alors oui, recadrer ses collaborateurs est un acte de management qui dit tout l'intérêt que nous portons aux collaborateurs hors-jeu, à ceux qui sont dans le jeu, à nos actionnaires et nos clients.

Et vous, qu'en pensez-vous ?
Bonnes réflexions.

# 19

# La tentation de Venise

Qui n'a jamais, une fois dans sa vie, connu ce sentiment : l'envie d'aller voir ailleurs, de changer de vie, de fuir les contraintes jugées trop lourdes ?

L'idée que partir, aller ailleurs, serait plus facile que de faire face au quotidien et à ses responsabilités – sentimentales, professionnelles, sociales - « L'herbe semble toujours plus verte dans le pré du voisin » dit le dicton populaire.

Certaines personnes le font, parfois avec succès. Mais aussi certaines entreprises. Aller voir ailleurs (un autre marché, d'autres clients, d'autres produits) parce qu'à un moment, le sentiment grandit que ce serait plus simple. Tentations suivies de tentatives trop généralement couronnées par l'échec. Petit florilège non exhaustif :

- un grand magasin voyant son chiffre d'affaires en berne décide de diversifier son activité. Ce sera l'ameublement. Des mois de développement, des centaines de milliers d'euros investis pour renoncer après quelques mois d'exploitation. Les clients qui venaient dans ce grand magasin ne cherchaient pas des meubles. … Et le secteur était hyper concurrentiel. L'herbe n'était vraiment pas plus verte.

- un spécialiste reconnu des produits de puériculture cherche des relais de croissance face à un marché morose et se lance dans la fabrication de préservatifs. Marché en forte croissante et une matière première que l'on sait très bien transformer. On monopolise toutes les ressources de l'entreprise. Bilan : un raté dans les grandes largeurs … Parler de préservatif à de jeunes mamans ! Et pendant que l'on s'amusait à mettre en place ce nouveau produit, le métier historique, lui, n'était plus regardé !

- une chaîne de magasins de vêtements premier prix décide de monter en gamme pour vendre des vêtements plus luxueux et accroître ses marges. De nouveau, de lourds investissements sont consentis : on implante des magasins en centre-ville, on refait les boutiques « cosy ». Mais les codes du luxe sont difficilement compatibles avec une image « low-cost ». Un plan de licenciement douloureux vient clore cette tentative.

- une importante agence immobilière pense préserver son chiffre d'affaire en sortant de sa zone de chalandise et en travaillant sur des villes de plus en plus lointaines. Mais en s'éloignant, elle perd son expertise (prix du marché local, infrastructure scolaire, réseau de transports en commun). A vouloir trop faire, elle ne sait plus rien faire. Grosse déconvenue.

Et si, quand les temps sont durs, plutôt que de regarder vers Venise, nous nous concentrions sur le cœur de notre métier ? La solution n'est-elle pas d'offrir à nos clients des produits et des services toujours plus fiables et performants ?

« L'homme de bien est comme l'archer : quand la flèche n'atteint pas la cible, il cherche la raison en lui-même » (Confucius) … et il ne cherche pas des raisons extérieures et encore moins des solutions en dehors de son métier. « Et si je me mettais plutôt à l'arbalète ? Ou mieux, au javelot ! ».

Imaginons un pianiste, butant sur une partition de Chopin, qui dirait : « Je n'arrive pas à jouer correctement ce morceau. Je vais me mettre au clavecin ! »

Son professeur lui répondrait du tac au tac : « Mon garçon, plutôt que de dire des bêtises, retravaillons ta technique, tes placements de mains, etc. ».

Qu'il est difficile de renoncer à Venise !

Dans mon expérience de consultant, je vois trop souvent des entreprises qui, face aux difficultés de leurs managers et/ou vendeurs, cherchent des formations innovantes, différenciantes, exotiques ... Une folle envie d'aller voir ailleurs si l'herbe est plus verte.

Nouveau petit florilège de solutions de formations choisies :

- Savoir improviser en toutes circonstances.
- Le management vaudou (Ne riez pas, cette formation existe vraiment. C'est un peu cher, mais bon ...)
- Profil Success Insights (Dite PSI, les acronymes rajoutent toujours une once de crédibilité)
- Le Sérious Game (Les anglicismes font toujours plus sérious ... C'est plus vendeur que le jeu sérieux)
- Manager par l'astrologie
- Mieux s'alimenter et dormir pour mieux vendre...En cinq jours de formation, quand même !
- Etc.

Parfois des propositions beaucoup plus sérieuses telles que la PNL, l'AT ou la Process Com. Sérieuses, mais trop souvent bien éloignées du cœur de métier : savoir et maîtriser parfaitement les phases d'un entretien de vente pour un commercial et les méthodes de management collectif et individuel pour un encadrant...avant d'apprendre à se synchroniser sur son interlocuteur ou à l'analyser selon quelques critères pour adapter son vocabulaire à sa morphopsychologie...

Peut-être –sûrement même-, hyper intelligent ! Mais ces choix de formations un peu trop décalées par rapport aux métiers de base des collaborateurs, reviennent un peu à offrir un stage de sophrologie à un footballeur de division régionale pour le rendre plus habile devant le but…Alors que l'échauffement avant l'entraînement est zappé et que la maîtrise du placement sur le terrain n'est pas acquise… La sophrologie dans ce contexte ne servira à rien. Ce footballeur, se voyant proposer cette formation, en conclura que l'échauffement et le placement ne servent finalement à rien…Et lorsqu'il fera le constat amer que suite à son stage de sophrologie, rien n'a changé dans son efficacité devant le but, il sera encore plus désemparé qu'avant le stage : « Si ma performance ne dépend ni de l'échauffement, ni de la maîtrise des 10 techniques les plus importantes de mon sport…d'où me viendra le secours ? Je tente un autre stage : « Marquer des buts en se détendant grâce à la cueillette des champignons, dans les sous-bois, en octobre, entre 15h12 et 18h19, par temps humide mais pas trop quand même pour ne pas prendre froid »

Lorsque la conjoncture n'est pas hyper-sympa, ne soyons pas esclave de la tentation de Venise pour les formations de nos managers et de nos vendeurs. Concentrons-nous sur le cœur de leur métier. Retravaillons les basiques et les fondamentaux. Asseyons solidement les acquis et faisons progresser nos collaborateurs. Creusons notre sillon, c'est là que germeront les graines du succès.

Ne cédons pas à la tentation d'aller voir ailleurs. L'herbe n'y est que très rarement plus verte mais les déconvenues sont légion.

Vous pourrez toujours aller visiter Venise pendant vos prochaines vacances. Il paraît que c'est vraiment très beau…

Et vous, qu'en pensez-vous ?
Bonnes réflexions.

# 20

# 16,7 jours et 45 milliards d'euros

Selon l'étude annuelle d'Alma Consulting Group parue en septembre 2015, les salariés se sont absentés en moyenne 16,7 jours l'an dernier, avec des variations singulières dans le secteur privé : le taux d'absentéisme s'est ainsi hissé à 4,59% en 2014, soit 0,33 point de plus que l'année précédente. En 2012, ce taux était de 4,53%.

L'enquête, réalisée auprès de DRH, précise également que les salariés n'ayant eu aucune absence ont baissé de 2 points à 53%. Bref, le bilan de l'année 2014 n'est pas fameux. Le coût de l'absentéisme est d'ailleurs particulièrement élevé. Pour l'ensemble des entreprises privées, il s'élève à 45 milliards d'euros, si l'on prend en compte les coûts induits par le versement du salaire du salarié absent, la « perte de valeur ajoutée entraînée par cette absence », ou encore ce que cela coûte pour le remplacer.

Évidemment, cet absentéisme n'a rien à voir avec du je-m'en-foutisme. Les problèmes de santé en sont une des causes naturelles, mais parmi les raisons qui expliquent l'absence au bureau, on trouve la mauvaise organisation ou de mauvaises conditions de travail (à 9%), le manque de reconnaissance (7%), ou encore la charge de travail trop importante (6%). Des facteurs sur lesquels les DRH et les dirigeants de l'entreprise ont prise et qui peuvent être améliorés. »

Quels enseignements ?

Selon cette étude, 22% de ces absences seraient liées non pas à des problèmes de santé mais à des problèmes d'organisation du travail, de reconnaissance ou de charge du travail. Si l'on fait une (pas si) simpliste règle de trois, 22% de 45 milliards égalent près de 10 milliards d'euros par an. Considérable, d'autant que ce sont des sujets sur lesquels il est possible d'agir.

Ne sommes-nous pas en train de parler ici tout simplement de management ?

L'organisation, la répartition de la charge de travail, et surtout la reconnaissance sont des missions fondamentales du manager.

Livrons nous à un petit exercice rapide :

- quel est le montant en euros de votre masse salariale ?

- quel est le taux d'absentéisme ?

S'il se situe dans la moyenne, il est de 4,52%

Prenez 22% de la somme trouvée et vous aurez le montant de l'économie possible en améliorant les pratiques managériales.

À titre d'exemple, la Sté Construitout emploie 50 salariés. Le salaire moyen chargé est de 3 500 €/mois, soit une masse salariale de plus 2 millions d'euros par an. Son taux d'absentéisme est de 4,5 % soit plus de 90 000 € de coût annuel. Sur cette somme, 22% sont liés à des sujets sur lesquels les manager peuvent agir : près de 20 000 € par an.

Il ne s'agit que du coût direct. Pour les coûts indirects en euros et en temps, pensons à la désorganisation, la nécessité de remplacement, le recrutement d'un remplaçant et la possible erreur de casting, son intégration, sa formation, le sous-effectif avant son arrivée, la répartition du travail du collaborateur absent sur les collaborateurs présents, provoquant des fatigues et des retards…

Pour conclure et sortir de cette succession de chiffres, gardons bien à l'esprit que l'absentéisme est aussi le reflet d'une vraie souffrance des hommes et des femmes qui « choisissent » en dernier recours l'absence comme solution. Souffrance que les salariés restés présents subissent à leur tour par l'augmentation de la charge de travail et la désorganisation, favorisant de futures absences !

Imaginons même que l'absentéisme n'ait aucun coût financier, la souffrance humaine est bien réelle autant pour ceux qui s'absentent que pour ceux qui restent.

Il est donc primordial, au-delà de l'intérêt économique, de mettre en place les actions permettant de juguler l'absentéisme ou au moins de le faire diminuer.

Et vous, qu'en pensez-vous ?
Bonnes réflexions.

# 21

## Le piège de l'évidence

Magasin TOPFLOUSE, grande distribution. Mercredi 21 janvier, 4h du mat'. Trop tôt pour les frissons et la capitale qui se réveille.

Laurent, chef de rayon, avait pourtant bien prévenu Emmanuel, jeune employé fraîchement embauché comme ELS -employé libre-service- : « Avant l'ouverture du mag, tu dois me déballer tous les cartons de ces trois palettes et mettre les produits en rayon. C'est facile, tu te repères avec les étiquettes…Si jamais il y a des ruptures, et il y en aura, y'en a toujours, je te demande **DE NE PAS** combler les trous dans les linéaires avec d'autres produits. Have fun ! »

Après trois heures de remplissage, les palettes sont vides, les cartons jetés dans le compacteur. Emmanuel regarde son presque chef-d'œuvre. Le rayon est rempli, coloré, les produits sont alignés. Presque un défilé militaire en attente de l'ouverture du magasin pour se mettre à défiler dans les chariots des clients. C'est beau. Enfin presque beau…Au milieu du rayon, un mètre linéaire est resté vide. Rupture de la pâte à tartiner du numéro un du secteur : Cronulla. A gauche de cette béance, les pâtes à tartiner premiers prix, repérables à un packaging simplifié et sur l'étiquette un enfant qui fait un clin d'œil semblant dire avec connivence « Si t'as pas de pognon, je suis là pour toi ». A droite, la pâte à tartiner de l'enseigne. La MDD. Marque du distributeur. Presque un clonage de la marque référence Cronulla. Quelques pour cent de noisettes en moins pour 1 euros 60 de moins à débourser pour devenir propriétaire de cette gourmandise. Et en plus, le pot est plus gros. Quelle aubaine ! Emmanuel n'a pas résisté… Le « presque beau » pour lui n'a aucune valeur. C'est beau ou c'est moche. Et en l'état presque beau, c'est moche.

Emmanuel est diplômé d'une maîtrise en biologie. Ce boulot d'ELS, il l'a accepté en attendant de trouver un travail dans sa branche. Selon lui, un « vrai » travail. Emmanuel ne comprend pas la consigne de Laurent : « Ne comble pas les trous dans les linéaires en cas de ruptures ». Et comme tout ce qu'il ne comprend pas, Emmanuel a tendance à trouver ça stupide. Selon lui, les clients n'aiment pas voir des trous dans les rayons. Ça les angoisse…La psychose de la pénurie. Alors Emmanuel n'a pas résisté…Il a comblé 50 cm de la béance en offrant 1m50 d'exposition au produit premier prix. Idem pour le côté droit …50 cm en plus pour la MDD. Et là, franchement, Emmanuel est fier de son travail. Il n'y a pas à tortiller, le rayon a plus de gueule ! En quelques minutes, il est passé de moche à beau. Emmanuel se dit que ces gars qui ont fait des écoles de commerce n'ont vraiment pas les pieds sur terre et l'œil averti. Pensez-vous ! Des trous dans un linéaire ! On aura tout vu !

8h30 : Emmanuel rentre chez lui et les premiers clients le croisent en poussant leurs caddies. Parmi ces clients, Madame Arthaud. Mère d'une famille très nombreuse de cinq mouflets affamés et exigeants. Au goûter, c'est brioche avec Cronella ou rien. Parce que, comme elle le dit souvent « y'a pas d'mal à s'faire du bien, hein les enfants ? ». Après avoir rempli son chariot de légumes et de fruits « cinq par jour, comme dit la pub » -Madame Arthaud y tient…c'est une bonne mère- elle se dirige vers le rayon des pâtes à tartiner. Surprise, elle constate que son Cronulla est absent du rayon. Se rabattre sur un ersatz « premier prix » ou une MDD, sa religion de consommatrice le lui interdit formellement. Il y a des dogmes avec lesquels on ne rigole pas ! Le Cronulla en est un parmi tant d'autres. Plus surprise encore, elle s'étonne que l'absence de Cronulla ne soit pas rendue visible par un « trou » dans le rayon. Serait-ce signe que Topflouse a décidé de déréférencer la marque faute d'un accord commercial satisfaisant, se demande-t-elle. Madame Arthaud se dirige hâtivement vers la caisse, son temps est précieux, une réunion de chantier est prévue à 9h30. Madame Arthaud est architecte. Sa journée de travail sera longue…

9h15 : Laurent, le chef de rayon d'Emmanuel, est un manager consciencieux et obéissant. Son chef de secteur l'a depuis toujours mis en garde quant au réassort automatique géré par l'informatique. Son avertissement résonne toujours à ses oreilles : « On ne fait pas du commerce depuis un bureau et encore moins avec un ordi. Le chef de rayon doit passer dans son rayon avec sa mercuriale et son stylo. Le reste, c'est de la littérature ». En disciple obéissant, Laurent chaque jour vient préparer sa commande devant le linéaire. Ce n'est pas très difficile. Il suffit de commander après un rapide inventaire du stock en réserve, en fonction de ce que l'on voit. Rayon plein, je commande 3 unités, rayon vide, 6. L'expérience permet d'ajuster au millimètre.

Laurent doit passer les commandes pour cinq rayons. Le reste de la journée, il recevra des fournisseurs, managera ses ELS, préparera l'opération « 25ème anniversaire »… qui a lieu chaque année depuis 30 ans…Un hyper ne vieillit pas. Le compteur est resté bloqué sur 25 ans. Pour les commandes, il doit faire fissa. Et donc il fait fissa. Laurent ne le sait pas mais en passant devant les pâtes à tartiner, il a oublié de commander des cartons de Cronulla… Mais il ne pouvait pas le savoir, les pots de pâte à tartiner « premiers prix » et de MDD ont rendu la rupture Cronulla invisible et silencieuse. Samedi, il n'y aura toujours pas de Cronulla dans les rayons.

Samedi 24 janvier : toujours maman d'une grande tribu, Madame Arthaud rêve du jour où elle pourra se contenter de visiter son hyper deux fois par mois. Mais ce moment est encore lointain. Avec sept bouches à nourrir –la sienne, ses cinq enfants, plus un dernier …son mari -, l'épreuve des courses se répète tous les trois jours. Samedi compris. Apolline et Auguste, ses ventres sur pieds, ont assez peu apprécié le régime brioche sans Cronulla. Ils ont un avis assez tranché – comme la brioche – sur l'incompétence des salariés de Topflouse. Pour eux, le verdict est sans appel : « Ce sont des tocards ! ». Madame Arthaud est donc investie d'une mission sans possibilité d'échec : revenir avec du Cronulla. Le gros modèle si possible. Habituellement, Madame Arthaud débute ses courses par les fruits et légumes. Aujourd'hui, elle se dirige au pas de course vers le rayon confitures/pâtes à tartiner. La pâte à tartiner « premier prix » est là, la MDD aussi…Mais il y a autant de Cronulla dans le rayon de Topflouse que de lueurs d'espoir dans les yeux d'un moustique enfermé dans un entrepôt d'insecticide. Cette fois, l'interrogation de mercredi de Madame Arthaud : « Ils ont peut-être arrêté de travailler avec Cronulla ? » devient une certitude : « Plus de Cronulla chez Topfloose ». Heureusement, Madame Arthaud habite une grande ville. Et en plus, elle n'a pas passé un contrat d'exclusivité avec Topflouse. Son chariot est vide et discrètement, elle l'abandonne devant le rayon des pâtes à tartiner. Elle quitte le magasin et cinq minutes plus tard se retrouve sur le parking de Maxiprice. Elle n'adore pas cette enseigne. Il y a quelques années, un gros problème sur la fraîcheur du poisson l'avait décidée à ne plus y retourner. Elle ne le sait pas encore, mais Maxiprice a bien évolué. Et rapidement elle sera séduite et deviendra une cliente fidèle…Parce qu'en plus, il y a du Cronulla.

Si le sens de nos consignes, de nos décisions, de nos partis-pris n'est pas  communiqué, expliqué à nos collaborateurs, le risque qu'ils ne le devinent pas est important. Et le risque qu'ils n'appliquent pas du tout ces décisions, ou qu'ils les appliquent mollement est certain...Pour chaque consigne, chaque demande, chaque basique, le sens est évident pour le manager, rarement pour le managé. Si le managé ne reçoit pas de la part de son manager le pourquoi d'une demande, d'un délai, d'une priorisation, il aura à juste titre le sentiment d'être tout au plus un collaborateur qui doit mettre au service de l'entreprise ses bras, son savoir et ses compétences. Mais en aucun cas une personne respectée et regardée comme ayant le droit d'être informée du pourquoi des choses.

Et nous, sommes-nous convaincus que chaque plan d'actions, chaque basique, chaque décision non expliquée altère considérablement son application avec une dégradation du service client et donc du CA ?

Et pour finir, une citation de Saint-Exupéry pour paraître cultivé. « Celui qui donne un coup de pioche veut connaître le sens de son coup de pioche. Et le coup de pioche du bagnard, qui humilie le bagnard, n'est point le même que le coup de pioche du prospecteur, qui grandit le prospecteur. Le bagne ne réside point là où des coups de pioche sont donnés. Il n'est pas d'horreur matérielle. Le bagne réside là où des coups de pioche sont donnés qui n'ont point de sens, qui ne relient pas celui qui les donne à la communauté des hommes. Et nous voulons nous évader du bagne ».

Et vous, qu'en pensez-vous
Bonnes réflexions.

# 22

# Ma jolie lettre au Père Noël

*Cher Père Noël,*

*Comme le veut la tradition, à quelques jours de Noël, je t'envoie ma lettre.*

*Je m'appelle Romain, j'ai 46 ans, je suis gentil et je dirige une petite entreprise.*

*Je pense que j'ai été plutôt un bon patron cette année, et un gestionnaire responsable. D'ailleurs, les résultats honorables en attestent. Pourtant, j'aimerais bien que tu exauces certains de mes vœux pour que mon entreprise fonctionne encore mieux.*

*Pour commencer, je voudrais des collaborateurs totalement autonomes : pas besoin de leur expliquer le travail, nulle nécessité de contrôler la bonne exécution de mes consignes, inutile de vérifier leur assiduité, pas plus que leur rigueur sur l'application des fondamentaux...Toujours motivés et impliqués, jamais râleurs et encore moins revendicatifs.*

*Ensuite, j'aimerais bien avoir des commerciaux super performants : toujours sur le terrain, aussi accrocheurs pour dénicher des nouveaux clients que pour sécuriser les anciens. Des commerciaux ultraperfectionnés dotés de l'option : « Convaincants, mais pas « grandes gueules ». Naturellement, je les veux gourmands de chiffres d'affaires et encore plus de marges, mais ascètes dans leur consommation personnelle d'euros.*

*Je voudrais bien aussi une assistante hors-pair. Parfaitement bilingue français/anglais, même si nous n'avons pas d'interlocuteur anglophone. Ponctuelle, jamais malade ni absente. Important : ne sachant pas lire l'heure sur sa montre dès lors que sa journée de travail est terminée pour m'offrir encore et encore quelques heures précieuses pour lesquelles elle aura le bon goût de ne demander ni compensation financière, ni crédit-temps. J'aimerais la version « Je suis ton assistante. Je retiens tout ce que tu me dis mais je sais aussi me taire ! ». Enfin, elle devra gérer mon agenda au cordeau pour me laisser du temps libre lorsque j'en ai envie.*

*Pour terminer, je voudrais des clients agréables et faciles et qui viennent spontanément frapper à la porte de mon entreprise. Evidemment, sans exigence démesurée notamment sur les délais, tolérants sur la qualité, avec un peu de classe – on ne discute pas les prix...pffff c'est vulgaire !- et payeurs dès le bon de commande signé.*

*Voilà Père Noël, tu vois, je suis raisonnable. Presque trois fois rien pour toi !*

*J'espère que tu pourras réaliser mes demandes.*

*Je t'embrasse et pour te remercier je voulais te faire un joli dessin de mon entreprise mais comme je ne sais pas dessiner, je ne l'ai pas fait.*

*Romain*

Le 25 décembre, Romain se leva sans difficulté et plus tôt que les autres jours. Il se précipita dans le salon et au pied du sapin, un énooorme colis semblait n'attendre que lui. Sur le colis…une lettre. Romain, impatient, fut tenté de ne pas lire la lettre…Mais pour faire plaisir au Père Noël et aussi parce qu'il avait un peu peur de le contrarier, lui qui voit tout et sait tout, il ouvrit l'enveloppe. Et il lut la lettre…

*Mon  petit Romain,*

*J'ai bien reçu ta lettre.*
*J'ai donc demandé aux Lutins de contrôler la situation pour valider que tu méritais bien tes cadeaux. Ils m'ont fait un rapide débriefing (…même chez le Père Noël, on fait des débrief …) et il semble que tu mérites effectivement les cadeaux que tu demandes.*

*Tu trouveras donc dans ce colis, joliment emballé, tout ce que tu as demandé.*

*Je te souhaite de vivre de très jolies fêtes de Noël entouré de ceux qui te sont chers. Je compte sur toi pour encore être un gentil patron l'année prochaine.*

*Affectueusement,*

*Le Père Noël*


Romain se précipita sur le colis et déballa l'un après l'autre les quatre paquets qui le composaient. Voici ce qu'il découvrit :

- pour les collaborateurs : effigie de Mac Gyver … Peut absolument tout faire avec un bout ficelle, un vieux fil de fer, un carton de récupération, un reste de chambre à air … Et sans l'assistance de personne.
- pour les commerciaux : une poupée Georges Clooney … Irrésistible et sachant rester humble. Se bonifie en vieillissant.
- pour l'assistante : poupée Barbie … Muette comme une tombe, pas de contrainte horaire.
- pour les clients : Monsieur Patate … Gentil, corvéable à merci, ne dit jamais non. Se plie en quatre.

À la vue de ses cadeaux, Romain bouda. Puis sourit. Et enfin éclata de rire : « J'ai été naïf et le Père Noël me l'a bien fait comprendre ! La vie en entreprise n'est pas un jeu et on obtient rarement des succès par chance. Les situations, les personnes qui m'entourent et moi-même, nous ne sommes jamais tout à fait comme on voudrait… Et c'est bien cela qui est passionnant. Faire vivre un système humain qui permet à chacun de progresser pour que mois après mois on puisse dire : nous qui sommes ordinaires mais déterminés à réussir, nous réalisons des performances extraordinaires !

Quelle satisfaction de faire prospérer l'entreprise, grandir ses collaborateurs et réussir les clients par le levier efficace du management. Et ça, le Père Noël ne l'a pas en stock. Et c'est tant mieux ! »


Et vous, qu'en pensez-vous ?
Bonnes réflexions.

# 23

# Soyez en joie !

*« Travailler pour qui pour quoi*

*Comment fait-on*

*Pour quel résultat*

*Donner sa vie à qui à quoi*

*Pour quel résultat, pour quel patronat*

*Travaille pour qui pour quoi*

*Comment fait-on pour tout prendre sur soi »*

Les chiens de paille – *MIOSSEC*

Le talent artistique et poétique de Christophe Miossec n'est plus à démontrer. Auteur, compositeur et interprète de grand talent, il sait si bien nous faire partager, dans ses chansons, son univers.

MAIS !

Mais son immense talent artistique l'a toujours tenu très éloigné du monde de l'entreprise où il n'a passé que très peu de temps au début de sa vie. Il n'était pas du tout fait pour cela, et heureusement pour la création artistique, il n'a pas persévéré. Si vous écoutez cette chanson, vous comprendrez vite que pour lui, cette expérience du travail en entreprise a été un réel calvaire.

Et pour vous ? Et pour nous ? Qu'en est-il ?

Je fais le pari, audacieux, dans ce billet de vous faire sourire. Pas en ayant recours à une bonne blague, ni en faisant preuve d'esprit, mais simplement en vous parlant du plaisir que peut procurer un travail en entreprise.

Non, travailler n'est pas une punition comme semblent le penser beaucoup de nos contemporains. Les horaires, la pression, les contraintes, le stress peuvent parfois prendre le dessus et ternir notre envie de travailler. Et pourtant, travailler devrait – doit – rester un plaisir. Pas facile, me direz-vous. Mais pas si difficile, à condition de bien articuler les choses : d'un côté, les contraintes imposées par le système économique dans lequel les entreprises évoluent : mondialisation, concurrence, accélération du temps, demande de rentabilité parfois disproportionnée, évolutions sociétales et techniques continues, etc.

Mon propos n'est pas de faire une critique du système. Je pars du principe qu'il est ce qu'il est et que nous devons faire avec dans l'entreprise. Ceux qui voudraient le changer ont pour cela le champ de l'engagement politique.

Partons du principe que « c'est comme ça » et que dans le travail en entreprise, l'objectif n'est pas de changer le système mais de vivre avec.

D'un autre côté, il y a ce que nous pouvons faire dans notre travail en entreprise pour nous épanouir et prendre du plaisir, obtenir de réelles satisfactions. Et c'est bien de cela dont je veux vous parler.

Pour commencer, notre travail nous procure une rémunération. Je sais, beaucoup trop faible, voire ridicule. Personne ne m'a jamais dit : « Je suis vraiment trop payé ». Mais cette rémunération nous permet de vivre, de nous loger, de réaliser quelques projets. Même si la fin de mois est, pour certaines personnes, très précaire et difficile, et même si parfois l'écart entre les plus bas et les plus hauts salaires est gigantesque, la grande majorité d'entre nous s'en sort.

Ensuite, notre travail nous procure un statut social. Je me souviendrai longtemps de cette femme au foyer qui disait : « J'ai hâte de reprendre un travail, je n'ai rien à raconter quand je vois mes amis qui sont en activité. Par contre, mes amis ont toujours quelque chose à dire ».

Notre travail nous donne une fonction sociale, une place dans la société. Il nous permet de nous intégrer.

De plus, quel que soit notre travail, il nous enrichit. Je suis toujours étonné, émerveillé même, quand je rencontre une nouvelle entreprise : je réalise à chaque fois que derrière des choses qui pourraient paraître banales ou répétitives, il y a des gens qui sur-maîtrisent un métier.

L'autre jour, un chef d'onduleuse (une onduleuse est une machine qui fabrique les boîtes en carton que nous utilisons tous les jours sans y prêter attention) m'expliquait qu'il était capable de reconnaître le type de carton que fabriquait la machine rien qu'au son de la lame de coupe sur la plaque de carton : « tchik », c'est du simple en 150 gr/m² et « tchouk », c'est du double en 200 gr/m² … Eh oui, le carton que nous jetons tous les jours dans la poubelle jaune (parce qu'il est issu du recyclage et qu'il y retourne) peut être simple, double, triple ; le grammage du kraft peut varier ; fini, le carton peut être poinçonné, découpé, imprimé, gaufré, etc. Et que pour ça il faut des qualités de surface différentes. On fabrique même des meubles en carton ondulé design et très solide !

Et puis, le travail est un vecteur de liens humains. Il nous permet de rencontrer des gens : clients, fournisseurs, collègues, etc. C'est même, statistiquement, un des premiers lieux de rencontre amoureuse : 10 % des couples se rencontrent sur le lieu de travail, pour moins de 1 % sur Internet. Laissez tomber Meetic ! Vous avez dix fois plus de chances de rencontrer l'âme sœur en poussant la porte de votre entreprise.

Anecdote mise à part, nous savons que les personnes que nous rencontrons dans le cadre du travail viennent d'horizons et de milieux très différents du nôtre. Une grande chance de diversité et d'enrichissement humain.

Mieux encore, pour ceux d'entre nous qui ont un peu « roulé leur bosse » au travail, c'est là que nous avons souvent réalisé nos plus grands faits d'armes. Nous avons tous relevé des défis, surmontés des difficultés parfois immenses. De vraies sources de fierté qui nous font avancer dans notre confiance en nous, dans notre capacité à faire face à l'adversité dans la vie.

Demandez à n'importe quelle personne qui travaille depuis plus de dix ans : Qu'est-ce que tu as fait dans ta vie professionnelle qui t'as marqué ? Probablement, va-t-il s'exprimer longuement et avec plaisir, vous pouvez vous asseoir, il en a pour vingt minutes facilement.

Tiens, je vous pose la question ? Et vous, qu'est-ce que vous avez fait dans votre vie professionnelle qui vous a marqués ?

Même si le tableau nous paraît parfois bien noir, n'oublions pas tout cela.

Notre travail nous fait vivre, nous donne une place dans la société, nous enrichit, nous permet de rencontrer des hommes et des femmes, nous donne l'occasion de relever des défis qui nous font grandir.

Alors soyez en joie ! Vous êtes au travail !

Je crois d'ailleurs, qu'il est temps d'y retourner là … Je dis ça, je ne dis rien !

Et vous, qu'en pensez-vous ?
Bonnes réflexions.

# 24

# Mais ils sont payés pour ça !

« Mes collaborateurs travaillent souvent, progressent parfois, réussissent régulièrement... Et en plus je devrais les complimenter ? Mais ils sont payés pour ça ! »

C'est vrai !

L'un des devoirs d'un employeur envers un collaborateur, c'est de s'acquitter d'un salaire en échange d'un temps de présence, de connaissances, de savoir-faire techniques et de son énergie investie sur son métier. Pour autant, on ne compense pas durablement une dépense d'énergie par des euros. Ce qui fonctionne un mois pour un étudiant lors d'un job d'été montre très vite ses limites avec un collaborateur qui s'inscrit dans la durée. La nourriture indispensable d'un être humain, c'est le regard bienveillant, l'écoute positive, la présence discrète des personnes importantes à ses yeux.

Sommes-nous des managers importants aux yeux et aux cœurs de nos collaborateurs ? Certainement !

Et si nous oublions de l'être, une perte de résultat, un turn-over qui s'emballe, des clients servis plus lentement, une ambiance qui se dégrade...n'en seront-elles pas les conséquences négatives ?

Alors n'oublions pas de complimenter sans démagogie chacun de nos collaborateurs dès lors qu'ils s'investissent dans nos demandes. Même et surtout lorsque les résultats tardent à venir...pour leur donner envie de ne pas abandonner.

Et vous, qu'en pensez-vous ?
Bonnes réflexions.

# 25

# PEPS

Former des managers et des vendeurs ? Pourquoi pas ? On peut former à mieux voir, à mieux comprendre ce qui se passe :

- dans une journée : ça dépote/ça traîne

- entre deux personnes : elles s'évitent/elles collaborent

- avec un collaborateur : bizarre …il (ne) sourit (pas)/ génial, il a retrouvé la banane,

- dans une situation particulière : l'équipe a beaucoup bossé …et pourtant, on a échoué/ l'équipe s'est bien investie, et les résultats sont là !

- avec un client : top, il passe une deuxième commande/ inquiétant, je n'arrive plus à le joindre…

Et grâce à la maîtrise d'une grille de lecture qui permet de bien voir, de bien comprendre, de bien décoder, la formation peut aussi aider à identifier quelle est la situation à construire, avec cette équipe, ce collaborateur, ce prospect, ce client. À très court, à moyen ou long terme.

Oui, la formation peut aider le vendeur, le manager à affûter son esprit d'analyse pour bien percevoir, identifier, comprendre les signaux plus ou moins faibles que son boss, son assistante, ses collaborateurs, ses clients, ses prospects …lui envoient. Puis à partir de cet état des lieux, raisonner en objectifs et construire le plan d'actions pertinent qui permettra de les atteindre. Et jouer un plan d'action, ce n'est rien d'autre que d'appliquer des techniques ou mettre en place des process, qui eux aussi peuvent être présentés, testés lors d'une formation puis ensuite appris par les participants après la formation. Car pour intégrer, il faut investir du temps. La formation ne suffit pas.

Mais quelle formation permettra d'installer le logiciel de la positivité, de l'enthousiasme, de la passion et du sourire ?

Raisonnons par l'absurde. Par l'absurde, car la situation suivante ne se présente jamais tout à fait dans ces termes. Mais faisons comme si…Si nous devions choisir, de façon binaire… Préférons nous un manager/un vendeur : organisé, pédagogue, valorisant, exigeant, à l'écoute mais… mollasson, pessimiste et manifestant du désintérêt pour le métier de son entreprise, celui de son service et celui de ses clients ?

Ou préférons-nous un manager/ un vendeur…un peu bordélique, pas très organisé, trop bavard…mais positif, enthousiaste, passionné et souriant ?

Le PEPS – Positif, Enthousiaste, Passionné et Souriant - se communique, s'infuse, se transmet. Mais toujours avec un coefficient de perte.

Nos collaborateurs ne seront jamais plus PEPS que leurs managers.

Nos prospects ne seront, envers nos offres, jamais plus PEPS que nos vendeurs ! D'où l'adage : « À offre présentée mollement, réponse systématiquement molle. A offre présentée toniquement, réponse peut-être tonique »… Et ça ne marche pas que dans la vente…

Sans PEPS, le rendement de nos collaborateurs est bien pâlot. Et les signatures de nos clients, bien rares.

Peu d'entre vous ont connu les K7 audio. Mais certains ont connu les disques laser…Les CD !

Eh bien, imaginons que nous soyons équipés dans notre salon de la meilleure platine CD du monde. Mais aussi, des meilleures enceintes du…monde. Et enfin, du meilleur disque du…du …du monde. Patrick Juvet * : « Où sont les femmes ? ». Appuyons sur la touche « open » de la platine pour qu'elle ouvre sa bouche et calmons sa faim en insérant dans la béance la galette argentée. Appuyons, cette fois-ci, sur « close », puis sur la touche « lecture ». « Play » pour les anglophones… Et…que se passe-t-il ? Rien ! Nada ! Nothing ! Que dalle ! Macache ! Walou ! On n'entend RIEN ! Le disque et la platine, c'est votre organisation, vos compétences…Et elles sont indispensables. Mais loin d'être suffisantes. On n'entend rien, car il manque l'ampli qui permet de créer le son.

Et vous ? Quelle est la puissance de votre ampli ? 5 watt ? 10 watt ? 100 watt ? 10 000 watt ?

L'ampli du manager, l'ampli du vendeur, c'est son PEPS.

Pour ces deux métiers, le PEPS n'est pas une option envisageable. Du président au manager de proximité, du téléprospecteur au commercial grand compte, le prérequis minimum pour réussir dans ces métiers c'est le PEPS, l'énergie communiquée. Dès l'entretien d'embauche, sommes-nous attentifs à oublier momentanément les faits d'armes auto-proclamés par les candidats sur leur CV et qui à leur lecture en font évidemment les oiseaux rares à recruter : « + 50% de CA généré en deux ans » « 150 nouveaux clients en 4 ans » « 0% de turn over de l'équipe en 8 ans et 10% de production en plus chaque année » ? Les oublier pour observer s'ils m'embarquent, s'ils me donnent le sourire, s'ils me laissent penser qu'un avenir sympa est possible avec eux, si dans leurs regards la vie est dansante, si après une heure d'entretien j'ai le sentiment de n'avoir passé que 20 minutes en leur compagnie…Et surtout…si j'ai envie de les revoir pour co-construire avec eux une réalité plus belle que celle d'aujourd'hui ?

Un managé qui n'aime pas voir son manager, qui le fuit…Que dit-il en fait ? Que son manager sent mauvais ? Qu'il n'aime plus son travail et que son manager dans les environs pourrait être synonyme d'augmentation de la charge ? Ou plus certainement que son manager le fatigue… ? Par l'absence de PEPS et la présence de critiques permanentes de ses collaborateurs, de la direction, des autres services, des concurrents, des clients, des taxis, de la programmation des chaînes de télévision, de la circulation sur le périph… Que deviendra un collaborateur managé par un manager sans PEPS ? Dans le meilleur des cas pour lui, l'entreprise et les clients : un démissionnaire. Dans le pire des cas, et avant tout pour LUI, un collaborateur qui peu à peu s'éteindra et dont les rendements, l'envie de servir seront le reflet exact de l'obscurité dans les yeux de son manager.

Un client qui préfère depuis un an échanger par mail plutôt qu'accorder du temps à son vendeur…Pour de vrai ? Que dit-il ? Qu'il est vraiment surbooké ? En permanence ? Ou que le vendeur lui apporte aujourd'hui juste une solution à un manque…mais sans PEPS. Que se passera-t-il lorsqu'inévitablement, ce client rencontrera un vendeur d'une société concurrente, avec une offre sensiblement identique, peut-être un peu plus chère mais portée par ce vendeur PEPS ? Jour de générosité, nous vous donnons la réponse : le client changera de crèmerie !

Et si l'entreprise n'est pas pétrie de certitudes concernant le PEPS comme condition sine qua non, non suffisante mais nécessaire pour donner l'énergie aux collaborateurs de s'investir et aux prospects de commander, le départ d'un client sera analysé comme un manque de loyauté de celui-ci envers l'entreprise, ou comme une inadaptation de notre offre au marché. Avec le risque de réagir à côté : on refait la plaquette de l'entreprise, on retouche au packaging des produits…

Et vous, qu'en pensez-vous ?
Bonnes réflexions.

* Nous pouvons tolérer aussi : Claude Barzotti et « Madame », Les Forbans et « Chante » et F.R. David et « Words ». Et puis c'est tout !

# 26

# Plouf, plouf, ce-se-ra-toi-le-ma-na-ger !

Jean me racontait récemment ce qui lui était arrivé dans son entreprise, une PME d'une centaine de personnes.

Le contexte dans lequel elle évolue est particulièrement difficile, mais à force de travail, d'évolution et de rigueur, elle réussit à faire face. Après plusieurs années très tendues, elle respire beaucoup mieux : les carnets de commande se gonflent, les clients sont satisfaits, les engagements respectés, l'augmentation du CA est soutenu. Et pour faire face à cet accroissement d'activité, des embauches sont prévues.

Pas de bol, il y a quelques semaines, le directeur des ressources humaines, en poste depuis longtemps, a annoncé son départ. Il veut réaliser un projet qui lui tient à cœur depuis longtemps : faire brouter des chèvres sur le pont du Gard. Dans quelques semaines, il sera parti.

Impossible de se passer d'un DRH ! Il faut de toute urgence le remplacer.

Jean me confiait attendre avec curiosité l'arrivée du nouveau DRH …. Quelle tête aura-t-il ? Sera-t-il plus souple que l'ancien ? Chevelu ou chauve ? A moins que pour une fois, l'entreprise ait la bonne idée d'embaucher une femme à ce poste ! Ça changerait un peu dans cet univers à 90% masculin….

Jean travaille comme chef comptable dans cette entreprise depuis de nombreuses années. Son truc à lui, c'est les chiffres, les tableaux, les bilans, les comptes clients, les factures, etc. Son travail de comptable lui plait, il le maîtrise très bien et il donne entière satisfaction à sa direction. Sa synthèse d'entretien d'évaluation et la prime annuelle en attestent. En revanche, les paies – à part la sienne –, les contrats de travail, la réglementation du travail, le recrutement, la formation professionnelle, les accords –ou désaccords- avec les syndicats… bref, le job d'un DRH…sont bien loin de son monde.

Moins loin qu'il ne pouvait l'imaginer car, il y a quelques jours, son directeur général lui a annoncé, avec ce qu'il faut de solennité, qu'il était promu. Il le nommait …roulement de tambour : directeur des ressources humaines !

J'ai bien senti dans sa voix, lorsqu'il me racontait cette histoire, un mélange d'incompréhension, d'inquiétude et de panique : « Je suis comptable moi ! Qu'est-ce que j'y connais en ressources humaines ? Rien ! Comment je vais faire ? J'suis mort ! Et ma nouvelle équipe avec !»

Étonnant, non ? Pour paraphraser Pierre Desproges.

Et vous avez raison, cette petite anecdote est tout droit sortie de ma cervelle en ébullition. Et heureusement ! Personne n'aurait l'idée de nommer quelqu'un à un poste stratégique sans s'assurer d'au moins deux choses : son envie de remplir cette mission et les compétences minimums pour assumer et assurer le job.

Et pourtant… Et pourtant ! Mon expérience auprès de nombreuses entreprises m'a fait rencontrer de nombreux managers qui, non seulement n'avaient pas choisi de l'être, mais, surtout, n'avaient jamais était formés à ce métier. Or, ils avaient été nommés managers comme mon chef comptable fictif avait été nommé DRH :

- dans une grande surface, un employé libre-service exemplaire que l'on nomme chef de rayon pour remplacer Monsieur Raymond qui part à la retraite.

- dans une PME, un comptable expérimenté que l'on nomme chef de service pour encadrer les trois nouveaux comptables fraîchement embauchés suite à une croissance exponentielle.

- ce commercial itinérant que l'on nomme chef des ventes, comme une évidence au vu de ses résultats commerciaux explosifs.

Ce mode de nomination nous amène à nous poser la question : manager est-il vraiment un métier ou ne serait-ce qu'une responsabilité secondaire – parmi tant d'autres – que l'on confie « à la one again » aux collaborateurs les plus automnes et les plus impliqués ? Parfois même comme une assurance anti-démission ou une décoration honorifique ?

C'est vrai quoi, finalement, en gros, en résumé et pour être synthétique : il suffit de vérifier que le travail est bien fait, que les problèmes bloquants sont résolus, que les choses tournent à peu près normalement…

Pour répondre à cette question – manager est-il un métier ? –, je vous invite à examiner votre propre expérience de managé : tous les managers qui vous ont encadré se valent-ils ? Certains ont-ils été motivants, impliquants … et d'autres ont-ils parfois réussi à vous décourager par leur attitude, à vous donner envie de changer de navire, quitte à prendre le risque d'une traversée à la nage sans beaucoup de visibilité quant au prochain navire accueillant ? (traduction en français courant : envie de vous casser)

Avez-vous en mémoire un manager qui vous ait marqué ? Un manager qui vous donnait envie de vous lever le matin, que vous aviez du plaisir à voir, qui savait mêler une forte exigence qui fait grandir et une reconnaissance de vos efforts, vos progrès, vos résultats, un manager dans le regard duquel vous vous sentiez plus fort, plus respecté ? Un manager qui savait gérer une erreur pour ce qu'elle est...une erreur...et non pas pour ce qu'elle n'est pas : une faute, un sabotage...Un manager capable d'organiser son temps pour en donner individuellement et collectivement assez à chacun de ses collaborateurs...Un manager observateur, capable de discerner dans des ruptures habituelles de comportements positifs, les premiers signe d'une démotivation, un manager suffisamment délicat pour vous en parler sans vous vexer, sans vous mettre mal à l'aise, sans vous blesser. Un manager qui lorsque vous partiez en vrille savait vous recadrer, seul à seul, droit dans les yeux, en 20 secondes...et ne plus en reparler...

Quels étaient vos résultats avec ce manager ? Et les résultats de l'équipe ? Et l'ambiance dans l'équipe ?

Et si vous n'avez pas eu la chance de croiser ce genre de manager, repensez à votre scolarité. Nous avons tous connu au moins un professeur qui savait mêler l'exigence et la reconnaissance. Et nous ne sommes pas prêts de l'oublier... Cette matière si ingrate était devenue, avec lui, passionnante et nos résultats meilleurs que jamais. Le recroiser aujourd'hui encore, dix, vingt, quarante ans après, est vécu comme un moment de bonheur, une madeleine de ............*

Oui, définitivement, manager est un métier. Bien fait, il provoque des choses étonnantes : implication, résultats, plaisir, bien vivre au travail ...

Et pour bien le faire, il faut des connaissances, des compétences précises, des savoir-faire, du discernement … comme dans n'importe quel métier !

Et vous, qu'en pensez-vous ?
Bonnes réflexions

* Rajouter  à la place des points votre prénom, autrement il faudra la rendre à Proust

# 27

# Pour qui se prend-il ?

Un participant racontait qu'à l'issue d'une réunion organisée par le professeur de tennis de son fiston, il était allé voir le prof et lui avait dit : « Je veux que mon fils progresse dans son classement. Il doit donc gagner plus de matchs. Sur quoi doit-il travailler encore plus ? Le coup droit, le revers, le service, le déplacement, le regard sur la balle de l'impact à l'impact ? »

Le prof a répondu : « Rien de tout ça…. Votre fils ne progressera pas en affinant son coup droit ou un autre coup du tennis. Il progressera à la condition sine qua non qu'il accepte, qu'il adhère viscéralement à ces deux principes. Le premier : l'arbitre est mieux placé que lui pour juger d'une balle in ou out. Aujourd'hui votre fils ergote, discutaille…Non seulement il n'a aucune chance d'infléchir la décision de l'arbitre mais en plus il reprend le match déconcentré et dans un état d'esprit Calimero : « Je suis la victime innocente d'un arbitre pervers »…et il perd les deux jeux qui suivent ! Le second : les éléments extérieurs- météo, éclairage défectueux, public indiscipliné... » n'expliquent jamais une défaite a priori et encore moins a posteriori. Et pourtant, après chaque défaite, j'entends votre fils m'expliquer qu'il a eu raison de perdre...En omettant que son adversaire, lui, a eu raison de gagner...dans un contexte identique. Bref, votre gamin va devoir accepter qu'on ne négocie pas avec le réel mais qu'on fait avec ! Et que toute explication d'un échec en utilisant la conjoncture est peut-être raisonnablement pertinente mais nous enferme dans l'idée que nous ne pourrons jamais réussir... Et c'est ainsi que nous fabriquons l'échec suivant qui nous confirmera encore plus que seule la défaite est possible. Que votre fils commence donc par modifier sa mentalité... Aujourd'hui, elle est comparable à du macadam sur lequel les graines que représentent ses efforts sur le revers ou le service ne pourront pas pousser... Accepter totalement ces deux principes, c'est transformer ce macadam en un terreau fertile qui permettra à ses efforts de se transformer en progrès puis peu à peu en victoire... Je vous souhaite une bonne soirée.»

Ce participant avouait que ce prof l'avait prodigieusement agacé...Pour qui se prend-t-il ? Mais il admettait aussi qu'il avait évidemment raison. La réussite est avant tout conditionnée par un état d'esprit sain !

« L'homme de bien est comme l'archer, quand la flèche n'attend pas la cible, il cherche la raison en lui » (Confucius)

Et vous, qu'en pensez-vous ? Bonnes réflexions.

# 28

# Que le manège s'arrête !

Vincent est directeur d'un laboratoire médical, et lors de notre dernière rencontre il me disait : « Vraiment, cela nous ferait du bien à tous : un peu de stabilité, pouvoir se reposer un moment sur des acquis, des procédures rodées. Oui, vraiment, cela ferait du bien à tout le monde que le manège s'arrête un peu ! »

Hélas…ou heureusement, les changements, les évolutions dans notre société sont inexorables … et perpétuels.

Prenons un peu de distance et interrogeons-nous sur le sens de ces changements.

D'abord, les évolutions et les changements sont intimement liés à l'histoire humaine, depuis que « l'homme est homme ». Ou, en tout cas, depuis que l'homme essaie d'être, justement, un homme. Pierre Dac disait avec cette causticité dont il était maître : « On a trouvé le chaînon manquant entre le singe et l'homme … c'est NOUS ! ».

Ensuite, dans la nature, il n'existe pas d'éléments figés : on croît ou on décroît, on progresse ou on régresse, on vit ou on meurt. Même les alignements mégalithiques de Carnac (- 4000 av. JC) évoluent … à leur rythme. Doucement le matin, pas trop vite l'après-midi.

Et c'est bien ça la difficulté de notre société actuelle et de nos entreprises : l'accélération, voire l'emballement dans certain cas, de l'évolution et des changements. À fond à fond à fond le matin, plus vite plus vite plus vite l'après-midi. Et cette accélération nous déstabilise souvent, nous fait perdre l'équilibre, parfois…

Mais pourquoi ? Pour quelle raison sommes-nous si perturbés par les évolutions, les changements ?

Parce qu'ils nous obligent à nous adapter, à changer notre vision du monde, de la famille, de l'entreprise, à changer nos manières de procéder, nos habitudes. Bref, à sortir d'une zone de confort, de ronron...que bien souvent d'ailleurs nous avons rejetée lorsqu'elle incarnait le changement mais que, maintenant digérée, nous apprécions.

Que cette nécessité de changer notre regard, nos habitudes est déstabilisante ! Nous voilà entraînés à aller là où nous ne sommes jamais allés : dans l'inconnu…

Nous perdons nos points de repères habituels, nos points d'appuis : on fait du vélo sans petites roulettes … avec le risque de chute qu'on imagine. Pas facile de faire confiance et de lâcher prise…mais pas le guidon.

Pourtant nous avons accepté que nos parents enlèvent ces fameuses petites roulettes et pris ce risque incroyable de passer d'une position stable et sûre  à un équilibre précaire, une situation casse-gueule !

Nous avons accepté, car tant que nous ne maîtrisions pas le vélo deux roues, les petites roulettes étaient remplacées par Maman qui courait à nos côtés en assurant l'équilibre, par les encouragements sincères de Papa, les explications rassurantes d'un grand frère, le regard bienveillant et valorisant d'un(e) grand-père/mère, la mise en sûreté de l'exploit par le film que votre grande sœur n'a pas manqué de faire (faut bien des dossiers à projeter le jour de votre mariage…).Bref, le mangement familial avait remplacé les petites roulettes tant que rouler avec seulement deux roues n'était pas devenu un plaisir maîtrisé.

Nos entreprises ont la nécessité d'évoluer tous les jours pour s'adapter au réel qui, lui aussi, évolue : les lois, la concurrence, les attentes de nos clients...

Que faisons-nous pour accompagner nos collaborateurs afin qu'ils ne subissent plus ces évolutions mais en soient acteurs ? Avons-nous conscience que lorsque nous annonçons des évolutions importantes à nos collaborateurs, nous avons en tant que managers été mis dans la confidence quelques mois plus tôt et que nous aussi, avant d'accepter, avons souvent râlé, pesté, contesté, objecté ?

N'oublions-nous jamais que dans le changement l'émotionnel pèse 99  quand le rationnel pèse 1 ? Combien de managers oubliant cette règle ont été déstabilisés en voyant se braquer des collaborateurs à l'annonce d'un changement qui leur semblait être une vraie et bonne nouvelle ! Comme le déménagement dans des locaux plus grands à 50 mètres des anciens bureaux, ou l'annonce à l'enfant unique de trois ans de l'agrandissement de la famille. Pas stupide, pour faire plaisir aux parents, il jubile lors de l'annonce, mais se venge par des caprices, des régressions …Ah, le sournois !

Avons-nous communiqué à nos équipes les éléments inchangés qui rassurent : « On déménage mais tu restes dans la même école et dans le même club de foot » ?

Prenons- nous le temps de les encourager par une valorisation sincère des primes-essais lors de l'utilisation du nouveau logiciel qui bien que plus ergonomique –si, si, tu

verras, dans trois semaines lorsque tu l'auras un peu utilisé...
- est, lors de cette première journée d'utilisation, juste insupportable parce que non maîtrisé ?

Fournissons-nous des explications, des méthodologies rassurantes pour leur permettre d'appréhender ces nouveaux défis avec suffisamment de sérénité ?

Donnons-nous à nos collaborateurs l'occasion de verbaliser leurs états d'âme, leurs inquiétudes, par une vraie écoute permettant de les évacuer plutôt que de les stocker et de les laisser moisir ?

Pensons-nous à fêter les succès collectifs et individuels qui émaillent immanquablement les changements et les évolutions, pour renforcer leur motivation et leur sentiment d'appartenance ?

Un vrai et beau travail en soi ... de manager.

Et vous qu'en pensez-vous ?
Bonnes réflexions.

# 29

# Rio, Kyoto, Paris … et moi et moi et moi !

1992 : sommet de la terre à Rio.

1997 : conférence de Kyoto sur les gaz à effet de serre.

2015 : COP 21 à Paris.

Trois dates que l'histoire retiendra sur la prise de conscience de l'impact des hommes et de leurs activités sur la terre et son climat.

Mais avant d'en venir aux propos de ce billet, certains réfutent peut-être ce qui est admis par la plupart d'entre nous : l'impact de l'activité humaine sur le climat. Ne rejetons pas trop vite cette position. En effet, il n'y a pas de preuves scientifiques absolues de l'impact de l'activité humaine sur le dérèglement climatique. Seulement des corrélations, des courbes statistiques très convaincantes. Mais dans ce domaine – la corrélation de courbes statistiques –, on peut trouver des exemples surprenants.

Le site :http://www.tylervigen.com/spurious-correlations nous en montre quelques illustrations. Notamment, la corrélation évidente entre la consommation de margarine par habitant aux Etats-Unis et le taux de divorces dans l'état du Maine :

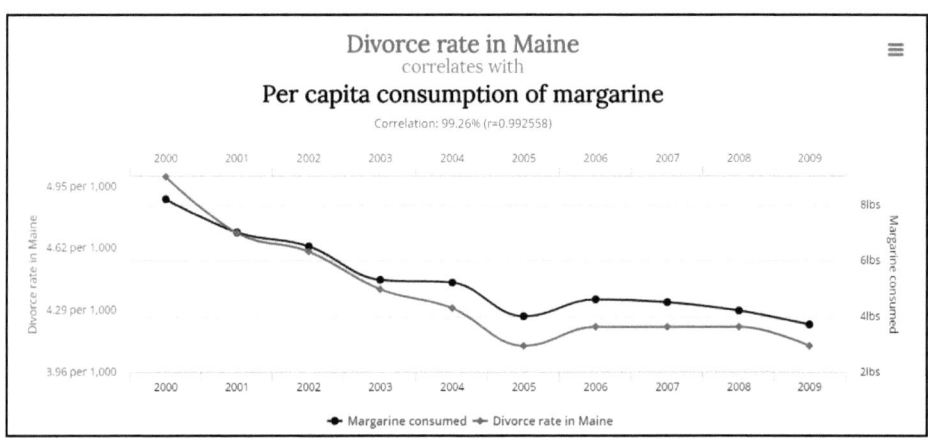

Troublant non ? Une corrélation à 99,26% sur 10 ans.

Encore mieux et inattendue, la corrélation entre le nombre de noyades en piscine et les apparitions de Nicolas Cage au cinéma. Sur le site, il y en a d'autres aussi surprenantes que troublantes.

Pour en revenir à notre sujet, est-ce une raison pour ne pas se préoccuper de cette question ? Doit-on attendre une preuve irréfutable pour agir et se soucier de l'impact de notre activité sur l'environnement ? Et disons les choses clairement : avons-nous un intérêt à nous préoccuper de ce sujet ?

Oui ! Nous en avons un !

D'abord, il existe des expériences qui montrent que l'on peut avoir une activité réputée très polluante et la rendre particulièrement respectueuse de l'environnement.

La société Pocheco, entreprise situé à Forest-sur-Marque dans le Nord, fabrique des enveloppes. Dans les années 2000, elle prend le tournant de ce que son dirigeant appelle l'Écolomie (néologisme né de l'association d'économie et d'écologie). Aujourd'hui, cette entreprise florissante produit 10 millions d'enveloppes par jour pendant que certains de ses concurrents ferment des sites faute de rentabilité.

Au-delà du bénéfice financier (Pocheco avec des solutions écologiques a réduit sa facture énergétique de 200 000 € par an), quels autres avantages pouvons-nous retirer de cette démarche écologique ?

Pour répondre, tournons-nous un instant vers la notion de projet d'entreprise.

Un projet d'entreprise vise, bien sûr, un objectif : l'ambition, le rêve du dirigeant : « Qu'est-ce qui me rendrait fier dans 3 ou 5 ans ? »

Mais ce projet d'entreprise doit aussi penser en termes de bénéfices – au sens étymologique (du latin beneficium « bienfait »- pour tous les acteurs qui évoluent dans et autour de l'entreprise :

• Les actionnaires, dirigeants, gérants, nous en avons déjà parlé.
• Les salariés aussi bien sûr.
• Les clients évidemment, sans qui l'entreprise n'existe pas.
• La société en général dans laquelle vie et se développe l'entreprise.

Qu'un seul de ces quatre acteurs soit oublié et c'est l'entreprise qui devient fragile.

Quel intérêt pour l'entreprise de faire de l'écologie un des axes majeurs voire l'axe majeur du projet d'entreprise ?

C'est d'abord, pour les dirigeants, construire une vision pérenne de leur entreprise : nous ne travaillons pas à court terme -1 ou 2 ans - mais nous nous posons la question de la place de notre entreprise dans les décennies à venir. L'entreprise doit être profitable dès aujourd'hui, mais aussi profitable dans la durée.

Faire en sorte que l'entreprise ne soit pas perçue dans 10 ans ou dans 20 ans comme un point noir du paysage, une verrue, un problème. Si c'est le cas, l'entreprise ne survivra pas à ses choix qui l'ont fait gagner à court terme mais qui ont hypothéqué son avenir.

Pour les salariés, il est essentiel -et ce le sera de plus en plus- de savoir que leur travail et la manière de faire le métier ne détruisent pas l'environnement qui les entoure, mais qu'ils le respectent : « Mon fils, on sort, mets ton masque respiratoire ».

Pour les clients, c'est aussi la garantie que les efforts qu'ils font en développant des solutions écologiques ne seront pas anéantis par les process de production de leurs fournisseurs ou par les modalités de transport… « Je vends du bio…mais mes tomates ont parcouru 1200 km en camion ! » ou encore « Je fais trier à chacun de mes salariés ses déchets et je viens d'apprendre que l'entreprise qui vient faire le ménage le soir dans nos bureaux, remélange tout ! »

En conclusion, convaincus ou pas, reste une certitude : les préoccupations environnementales vont dans le sens de l'histoire. Et c'est très bien !

Il y a 100 ans, on s'inquiétait (en France) du travail des enfants : 1896, première loi interdisant le travail des enfants … de moins de dix ans.

Il y a 80 ans, on s'inquiétait du rythme de travail des ouvriers : 1936, apparition des congés payés.

Il y a 70 ans, on s'inquiétait de la santé des salariés : 1945, création de la sécurité sociale

Il y a 30 ans, on commençait à s'inquiéter de la qualité des productions : 1987, création de la première norme ISO.


Aujourd'hui les préoccupations environnementales ont pris le devant de la scène et ne semblent pas vouloir la quitter de sitôt. Alors, nous pouvons faire de la résistance comme l'on fait certaines entreprises en 1896 ou en 1936, ou se dire que l'on ne peut pas aller contre le sens et le bon sens de l'histoire.

Et si, plutôt qu'envisager cette question environnementale comme une contrainte, nous en faisions une opportunité ?

Et vous, qu'en pensez-vous ?
Bonnes réflexions.

# 30

## Retrouver son âme d'enfant

Que racontons-nous lors des entretiens de recrutement, durant une intégration ou un entretien d'évaluation à un comptable d'un parc d'attractions ? Nous lui parlons de ses futures tâches quotidiennes : facturation, rapprochement bancaire, déclaration de TVA…

Et à une hôtesse de caisse ? Rapidité d'exécution, SBAM – Sourire, bonjour, merci, au revoir …

À une institutrice ? Suivre et terminer le programme, interroger et corriger…

À un gardien de la Paix ? Arrestation, permanence à l'accueil …

À un mécanicien automobile ? Temps alloué pour changer une batterie, un alternateur…

À un pizzaiolo ? Quantité d'ingrédients à déposer sur la pizza, temps de cuisson…

Et nous avons raison… Quotidiennement, leur métier s'incarne dans ces gestes… Mais au service de qui ? Au service de quoi ?

Leur parlons-nous de la mission que nous voulons remplir et pour laquelle nous voulons être reconnus par nos clients ? Leur parlons-nous de la promesse que nous leur faisons ? Sommes-nous convaincus lorsque nous disons que la fidélité des clients dépendra avant tout de notre capacité à les satisfaire dans cette promesse ? Lorsque nous intégrons nos collaborateurs, quel que soit le poste, leur disons-nous que leur métier est une contribution directe ou indirecte à la mission que se donne l'entreprise ?

Sommes-nous comme ce commissaire de police qui intégrant du personnel administratif leur déclarait : « A partir d'aujourd'hui, j'ai besoin de vous pour nous aider à assurer la sécurité des biens et des citoyens ». Puis leur demandait : « Est-ce que cette mission vous intéresse ? »

Ou comme ce directeur d'un parc d'attractions qui rappelait à un chargé de maintenance intervenant exclusivement durant les heures de fermeture du parc : « Votre mission est la même que la mienne : permettre à chaque visiteur de retrouver durant son temps de présence dans le parc son âme d'enfant. »

Veillons-nous à faire valider régulièrement l'intérêt porté par nos collaborateurs à la mission de l'entreprise ? Ou sommes-nous persuadés qu'un comptable engagé dans un club de foot, mais qui n'aime ni le foot ni même son club, sera maladroit dans les déclarations de TVA et fragilisera le club dans la promesse qu'elle fait à ses supporters et à ses annonceurs publicitaires ?

Lorsque les erreurs se multiplient, lorsque les résultats sont en baisse…posons-nous la question. Avons-nous communiqué suffisamment et récemment sur « à quoi nous servons ? ». Et sommes-nous fiers de participer à cette mission ? Si c'est le cas, pas de doute, nos gestes, nos regards, nos actions, nos paroles contribueront à infuser à chacun de nos collaborateurs le sens de la mission…

Mais au fait : quelle est la mission de votre entreprise ? La promesse faite au client ?

Et vous, qu'en pensez-vous ?
Bonnes réflexions.

# 31

## Une bonne claque et ça repart !

Thibault se promène. Subitement, il sent le sol se dérober sous ses pieds. Il perd connaissance. Dans son malheur, Thibault a une part de chance : un médecin arrive. Rapidement, il diagnostique un simple évanouissement. Rien d'étonnant : il fait si chaud depuis quelques jours et les organismes sont épuisés. Le médecin fait asseoir Thibault. Il le tient fermement et s'adresse à lui en lui parlant à voix forte et en le secouant gentiment. Thibault ouvre les yeux, étonné de ce qu'il est en train de vivre. Aucun souvenir de son malaise. Le médecin interroge Thibault. Ce matin, il est parti rapidement de chez lui, sans prendre de petit déjeuner. Un peu de manque de sommeil et cette canicule éprouvante, son organisme est malmené. Le médecin conseille à Thibault de rester assis sur un banc à l'ombre, le temps qu'il aille chercher un remontant. Ce sera un pain au chocolat. Thibault est requinqué. Il repart…

Quinze jours plus tard…Thibault se promène…      Brutalement, il perd connaissance. Son ange gardien est encore là. Le diagnostic est rapide : une syncope. Beaucoup plus sérieux qu'un évanouissement. La vie de Thibault n'est pas en danger mais il ne faudrait pas que cet état de malaise se prolonge. Pour le ranimer, le médecin n'hésite pas. Une bonne claque…une deuxième…et enfin une troisième. Ça repart ! Thibault ouvre les yeux et reprend enfin contact avec la réalité. Cette fois, le médecin ne peut pas se contenter d'un pain au chocolat. Il appelle les pompiers. Un examen clinique plus poussé s'impose. Après quelques heures passées dans un box aux urgences, Thibault est autorisé à rentrer chez lui avec ordre de se reposer trois jours.

Un mois plus tard…Thibault se promène…   Une vive douleur dans le bras gauche. Il s'effondre brutalement. Le bon médecin est là, équipé d'un défibrillateur. L'évidence s'impose, Thibault est victime d'une crise cardiaque. Le médecin doit agir vite et prend tous les risques. Trois minutes pour agir, c'est peu. Ne rien faire, c'est condamner Thibault à une mort certaine. Utiliser le défibrillateur c'est prendre le risque de provoquer le décès. Les décharges qui seront envoyées peuvent provoquer un arrêt cardiaque définitif au lieu de faire repartir le cœur. Mais si la défibrillation est bien maîtrisée, le cœur peut repartir. Une seule certitude, le cœur ne battra plus si on ne l'aide pas à redémarrer. Notre médecin est un expert en réanimation cardiaque. Trente ans qu'il pratique. Les gestes sont précis, son visage impassible. Mais ses émotions, sa peur de voir la vie foutre le camp et l'espoir que le cœur refonctionne cohabitent toujours aussi intensément durant ces minutes hors du temps.

Le cœur est reparti. Thibault revient de loin. Il est resté de longues secondes en équilibre précaire entre la vie et la mort. Il s'en est fallu de peu pour que Thibault bascule du mauvais côté. Merci au médecin. Mais le médecin ne pouvait pas tout… Encore fallait-il que Thibault veuille lui aussi vivre. Manifestement, c'était le cas.

Etonnant quand même ! Plus la vie s'éloigne rapidement, plus la solution pour ramener le malade dans la vie est énergique et ferme ! Ne serait-ce pas la même chose dans la vie professionnelle, lorsqu'un collaborateur se met en position de hors-jeu ?

Un retard isolé dans l'année…comparable à un simple évanouissement, ne nécessitera qu'un entretien rapide et ferme.

Un retard et le non-respect du port des EPI (équipements de protection individuelle) dans la même semaine, nécessiteront un entretien toujours rapide mais beaucoup plus viril. Viril, pas agressif ni irrespectueux.

Un retard, le non-respect du port des EPI et la dissimulation d'une erreur nécessiteront un entretien électrochoc… Avec le risque de précipiter le contrat de travail dans l'abîme.

Si le manager décide de rencontrer son collaborateur hors-jeu, un peu baron sur les bords, souvent récidiviste, parfois multirécidiviste, ce n'est pas pour le précipiter dans l'abîme mais bien pour le faire revenir dans la Vie. Pour cela, il faut que le manager le veuille mais le collaborateur aussi.

Mais si le manager ne le veut pas, assure-t-il toujours sa mission ? Est-il encore manager, celui qui regarde son collaborateur peu à peu s'éloigner du cadre d'exigence non négociable, alors que son respect est une des conditions indispensables qui légitime sa présence ? Ou est-il pris en flagrant délit de non-assistance à collaborateur en danger pouvant entraîner la mort de la collaboration ? Quand bien même, par ses comportements, le collaborateur provoque les situations de danger.

À moins que le manager ne soit dépourvu de techniques face à ce type de situation. Utiliser un défibrillateur ne s'improvise pas, quoi qu'en disent les affichages simplistes sur les lieux publics. Gérer des entretiens de recadrage, non plus. Un manager démuni de ce savoir-faire ne pourra pas manager durablement, car le hors-jeu est inévitable. En effet, les motivations conscientes ou pas d'un managé pour se mettre en situation de hors-jeu sont nombreuses : valider l'importance de l'exigence, tester le courage du manager, se faire remarquer pour attirer l'attention ou chercher la rupture.

Sans ces compétences managériales, le manager n'aura pas d'autre choix que de détourner le regard et de laisser faire, et sa crédibilité s'évaporera. Et un manager sans crédibilité n'est plus un manager !

Et vous, qu'en pensez-vous ?
Bonnes réflexions.

# 32

# « Oh la chochotte, il a bobo à son petit genou ! »

Plus de peur que de mal !

Une seconde d'inattention a suffi pour que Florent se retrouve au sol. Peu de temps avant son accident de vélo, il avait entendu cette blague : « Si tu veux parler à Dieu, fais silence dans un endroit calme. Si tu veux le voir, monte dans ta voiture, sur ta moto ou sur ton vélo, roule et écris des SMS ! ». Maintenant, il le sait… Avec un peu moins de chance, il aurait pu le vérifier.

Florent venait de recevoir un SMS de son ami Geoffroy : « Message envoyé à 10 personnes simultanément. J'ai 2 places gratos pour aller voir OL/PSG ce soir au Parc Olympique lyonnais, en loge vip. Le 1er qui répond  a la  2ème place. The first one is for me ! Que le plus rapide gagne ! »

Le cerveau de Florent lui avait intimé l'ordre de répondre :

« Réponds maintenant. 1. Le Parc Olympique Lyonnais est juste le plus beau du monde. 2. Voir le PSG se faire humilier par l'OL, c'est un plaisir qu'il ne faut pas refuser. 3. Loge vip : pense au cocktail, petits fours et photos que tu vas publier sur Facebook pour faire rager les neuf autres. 4. Si tu traînes, c'est un des neufs autres qui te fera rager. 5. T'as toujours pas répondu, qu'est-ce que tu fous ? ».

Le cerveau de Florent était atteint de chauvinisme aigu et il ne savait pas lui résister. Florent ne voulait pas être en retard au travail...Parti précipitamment, il le serait s'il prenait le temps de s'arrêter pour répondre au SMS. Situation quasi-schizophrénique. Pour s'en sortir, il fallait décider. Il brava la croyance populaire et ce que Béatrice, son amoureuse, lui rabâchait sans cesse : « Les hommes sont mono-tâche ». Il allait à la fois réussir à répondre et arriver à l'heure au travail. Une main tenant le guidon, l'autre le téléphone, avec le pouce, Florent répondit. Un regard sur la route et les voitures, un autre sur le clavier. Peu à peu, la réponse, approximative mais malgré tout compréhensible, s'inscrivit sur l'écran : « Slt Geo, ok pur le places, mer ».

Pas le temps de terminer le merci et d'envoyer le SMS ... Un long coup de klaxon, un bruit terrible, c'est tout ce dont Florent se souvenait lorsqu'il reprit connaissance dans l'ambulance. « Vous avez eu beaucoup de chance ! Votre vélo beaucoup moins. Je dois vous annoncer une triste nouvelle, il s'est fait écraser. Il n'avait pas un bon maître, il était assuré au moins ? » demanda l'ambulancier, un peu rigolo et très rigolard d'un ton moqueur. Florent avait eu de la chance mais il souffrait. En plus, il n'irait pas au match. En plus, toujours en période d'essai, il allait se faire virer de son job d'étudiant. En plus, il pouvait dire adieu au Marathon de Paris qu'il préparait presque sérieusement depuis six mois… En plus, ce n'était pas son vélo mais celui d'un copain. En plus… Sale matinée !

Et sale blessure …Un trou de la taille d'une balle de ping-pong dans le genou gauche. Bilan des courses : un mois à marcher la jambe raide, des pansements à changer tous les jours et enfin un mois de kiné.

« Qu'est-ce que tu préfères ? Pour toute ta vie….À chaque fois que tu parles, un rat qui sort de ta bouche ou tes bras qui sont en mousse et font trois mètres de long ? » Vous connaissez ce jeu, rendu célèbre par un sketch de Pierre Palmade « Le choix »?

Florent, qu'est-ce que tu préfères ?

- durant trente jours consécutifs, à 18h, Simone, infirmière, viendra s'occuper de changer ton pansement. Trente-quatre ans d'expérience, une incroyable dextérité et une remarquable vélocité. Lorsqu'elle retirera le pansement, ses gestes seront assurés et pour toi cette opération sera indolore. En cinq minutes, les compresses stériles imbibées de produit désinfectant seront appliquées et le pansement refait. Simone saura trouver la synthèse parfaite au moment d'enrouler la bande autour de ton genou : pas trop serré pour que le sang puisse continuer de circuler, pas trop lâche pour qu'il te permette de marcher sans avoir besoin de le retenir d'un glissement le long de ta jambe. Il sera beau...Une œuvre d'art médicale. Mais...Mais ... Avant de venir te soigner, Simone aura effectué le même type d'intervention, vingt fois dans la journée, sans s'être jamais lavé les mains !

- ou bien c'est Béatrice qui aura la charge de te soigner. Elle accepte et y mettra tout son cœur et toute sa volonté car, te concernant, elle a des projets : faire de toi un mari et un père. Chuut, on ne t'a rien dit. Tu le sais, Béatrice n'est pas infirmière, ni cuisinière, ni couturière ... Béatrice n'est pas manuelle. En revanche, elle t'aime et veut que tu guérisses. Bon point pour elle...et pour toi, elle est disciplinée. Elle s'engage à suivre, étape après étape, la procédure que nous lui fournirons et à utiliser les produits que nous lui auront indiqués. Nous savons lire dans le marc de café, alors Florent, on va tout te dire. Chaque jour l'opération « changement de pansement » prendra 25 minutes. Ce sera l'occasion pour toi de te faire engueuler : « Tu ne fais rien pour m'aider ! », « Je t'ai dit de ne pas bouger ! », « C'est quoi les mots que tu ne comprends pas dans la phrase : laisse ta jambe à l'horizontale ? ». Evidemment, dans ta position de faiblesse et de dépendance, et au regard de l'énervement de Béatrice et de la proximité de ses mains d'une paire de ciseaux extrêmement tranchants, tu opteras pour la prudence. Tu t'abstiendras de lui dire qu'une jambe maintenue en l'air, c'est très lourd à partir de la vingtième seconde, trop lourd dès la quarantième, impossible à tenir au-delà d'une minute...faute d'un entraînement que tu n'as pas, Florent ! Il te faudra serrer les dents lorsque Béatrice ôtera le pansement qui n'aura pas manqué de « coller à la plaie ». Ses hésitations et ses tremblements, manifestation évidente de sa peur de te faire mal, seront pour toi autant de degrés supplémentaires de douleur ressentie. C'est ballot ! Tu n'échapperas pas aux sarcasmes de Béatrice : « Oh la chochotte, il a bobo à son petit genou… Allez, sois courageux, je te donnerai un bonbon si tu ne pleures pas ». Et naturellement, trente jours durant, Béatrice t'apportera ironiquement le bonbon promis. Parfois même, elle tutoiera le sexisme : « Les hommes sont vraiment douillets. Un accouchement, ça vous ferait du bien les mecs ! ». Esthétiquement, ton pansement ne ressemblera à …rien de connu. Régulièrement dans la journée, tu devras trouver un stratagème pour le maintenir en place et briser dans l'œuf ses velléités d'aller voir le long de ta cheville ce qui se passe. Bref, avant que Béatrice ait la même dextérité que Simone, il lui faudrait trois ans d'étude et ce n'est pas son projet. En revanche, nous pouvons t'assurer d'une chose : Béatrice, avant de commencer l'opération « changement de pansement », se lavera les mains avec un savon doux, en doublant le temps de préconisation de cette première phase absolument essentielle du soin. Ses mains seront maladroites, nous l'avons évoqué suffisamment, inutile d'en rajouter, mais elles seront propres et débarrassées de la flore transitoire et des germes, provoquant des infections résistantes aux antibiotiques et responsables de tant de maladies nosocomiales.

Alors Florent, que choisis-tu ?

Florent n'a pas hésité. Il a vite compris qu'avec Simone, le confort était garanti et l'amputation probable. Alors il a opté pour Béatrice et sa maladresse, mais surtout sa discipline, son envie de soigner son homme et son hygiène impeccable.

Et nous, qu'en est-il dans notre monde professionnel, de l'exigence envers nos collaborateurs ? Sommes-nous sûrs que les progrès de nos collaborateurs ne seront pas annihilés par l'absence de rigueur sur quelques gestes métier ? Gestes métier si évidents, tellement simples qu'il arrive trop souvent que nous omettions d'en parler et pire, de s'assurer qu'ils sont faits et bien faits. En d'autres mots : de les manager.

Simone, par sa manière de faire son métier, ne doit pas soigner, ni même guérir. Elle n'en a pas le pouvoir. Pas plus qu'un médecin... Mais elle doit créer les conditions favorables de la guérison. C'est bien là sa mission. Alors si en plus, elle le fait avec dextérité et confort pour le malade, tant mieux ! Mais en omettant de se laver les mains, elle tourne le dos à sa mission, puisque à la place des conditions de la guérison, elle a semé les conditions de l'aggravation. Mais comme souvent, ça ne se verra pas tout de suite ! Il faudra un peu de temps. Et peut-être qu'en cas de guérison trop longue à venir, ou pire d'amputation, on trouvera d'autres bonnes raisons que le manque de rigueur de Simone pour expliquer le délai ou le drame : « Le patient était fragile... », « Probablement n'a-t-il pas pris ses médicaments comme il nous le disait »...

Avons-nous vraiment conscience que dans chaque métier ou pour chaque mission – accueillir des intérimaires ou ranger la salle des archives-, les premiers gestes conditionnent  la réussite ? Si c'est fait...la réussite est possible. Si ce n'est pas fait...l'échec est assuré !

Avons-nous pris le temps, métier par métier, de formaliser ces gestes fondamentaux ? Font-ils l'objet d'une mise en forme cohérente avec l'importance qu'on leur accorde ? Une simple feuille A4 ou un livret de référence solide et durable ? Comment présentons-nous ces gestes fondamentaux lors des intégrations : « Tiens, lis ça, c'est super important » ou est-ce l'occasion d'un véritable entretien de présentation ? Vérifions-nous avant même que les réflexes soient pris que la mémorisation est assurée ? Nos supports d'entretiens d'évaluation sont-ils en cohérence avec ces gestes fondamentaux ?

Sommes-nous suffisamment passionnés par le métier de notre vendeur, notre juriste, notre assistant, notre opérateur, notre comptable pour régulièrement en reparler avec eux ?

L'application des gestes fondamentaux, c'est le terreau sur lequel les stratégies pourront donner du résultat. Sans leur application, les meilleures stratégies sont semées sur du macadam. Et rien ne pousse !

Et vous, qu'en pensez-vous ?
Bonnes réflexions.

# 33

# Pourquoi j'ai suivi mon chef aveuglement

Une fois n'est pas coutume, je voulais aujourd'hui vous faire part d'une expérience personnellement vécue parce qu'elle illustre bien la notion de leadership.

1992 : ce n'est pas ma date de naissance et je le déplore, mais la date de mon entrée dans la vie active. Après deux années passées dans une PME comme technico-commercial, des résultats insuffisants et une fusion de l'entreprise avec le géant européen du secteur ont mis fin à cette première expérience.

Me voilà à nouveau en quête d'un travail avec son cortège de CV, de lettres de motivation, d'épluchage d'annonces dans les journaux (oui, j'ai connu l'époque que les moins de 20 ans ne peuvent pas connaître où l'on trouvait les offres d'emploi sur une espèce de cahier en papier que l'on appelait journal), d'entretiens d'embauche.

« Quartier de La Défense, tour vitrée étincelante… « C'est sûr que si je décroche le job, ce serait pas mal » m'étais-je dit alors en me rendant à un entretien d'embauche. A 22 ans, on est parfois très attiré par les apparences et tout ce qui brille…

Après quelques minutes d'attente dans le hall d'accueil, un petit monsieur (par sa taille) presque aussi jeune que moi me reçoit. D'entrée de jeu, le discours  n'est pas très engageant : « Nous sommes le leader français des peintures anti-corrosion, exclusivement  pour les ouvrages d'art. Notre part de marché est de 60%, donc nous sommes la cible privilégiée de nos concurrents. De plus, le marché français perd en volume et en valeur entre 5 et 10% par an car on construit de moins en moins de charpentes ou de ponts métalliques. Notre grande époque était celle de Gustave Eiffel et elle est loin derrière nous. »

« Ouah ! Je vais vous laisser tout de suite » me suis-je dit intérieurement. Mais, nécessité fait loi, je suis resté sagement à l'écouter encore. Il a poursuivi : « Parlons maintenant de notre projet d'entreprise : il est très simple, nous visons une croissance de 5% par an de notre chiffre d'affaires. Facile, puisque nous avons encore près de 40% de parts de marché à conquérir. Ensuite, nous souhaitons gagner tous les appels d'offres concernant les chantiers emblématiques : la Tour Eiffel, le pont Alexandre III, le dôme du CNIT, le viaduc de Garabit, etc. Nous avons  les savoir-faire, les partenaires et les produits pour cela. Ils sont pour nous ! »

« Ouah ! Ce type est fou ! » me disais-je encore. Mais nécessité …

« Pour réussir ce projet, vous vous doutez que nos exigences envers nos collaborateurs sont très fortes. Vous postulez pour un poste de chargé d'affaires, sachez qu'il va falloir vous battre chaque jour. Vous devrez convaincre les donneurs d'ordre, faire du lobbying pour influencer les appels d'offre. Vous devrez aussi faire adhérer les entreprises d'application de peintures à nos solutions, et même nous faire référencer dans celles qui ne sont pas encore clientes. Ce sera un combat de tous les jours, et nous le gagnerons ensemble ! Ce ne sera pas facile, mais quand vous parlerez à vos amis de votre travail, vous serez fier de ce que vous aurez accompli. »

« Je signe où ? » me suis-je dit. Il m'a proposé le poste et j'ai signé.

La réalité fut conforme aux promesses : beaucoup d'exigences, beaucoup de travail, beaucoup de réussites et de reconnaissance. Cinq très belles années.

Vingt-quatre ans après, quel est mon regard sur cette expérience professionnelle ?

Mon manager de l'époque est resté pour moi un exemple que je sais aujourd'hui analyser :

Exigence : il y en avait beaucoup, sur le comportement, la tenue, l'engagement, le travail et les résultats. Mais combien la réussite est plus valorisante quand elle se fait conformément à l'exigence ! « On l'a fait, mais on l'a bien fait. Très bien, même ! »

Valorisation : notre manager savait prendre du temps pour nous écouter sur des sujets positifs. Que ce soit sur un effort, un progrès ou un résultat, il portait toujours un regard sincère, valorisant et empathique.

Passion pour le métier : quand il parlait du métier ou des clients, on ressentait toujours que le sujet le passionnait et qu'il était prêt à se battre pour gagner les marchés et faire gagner les clients. Il pouvait parler pendant des heures d'un client, d'un chantier ou d'un produit, avec toujours cette petite lumière dans le regard.

Projet : il me l'avait annoncé dès les premières minutes de mon entretien d'embauche. Un projet clair, ambitieux mais réalisable. Tel le capitaine du bateau avec son sextant à la main, il savait, même quand la mer était très agitée, où il était et où il voulait aller : « Cette année, je veux que nous remportions les marchés de la raffinerie de Dunkerque, le nuage metallo-textile de l'Arche de la Défense et la charpente du stade de France. On ne laisse pas ces chantiers aux concurrents ! »

Le plus incroyable, c'est que pour mes collègues et moi, tout semblait facile. Nous étions portés et nous en venions à chercher les challenges qui semblaient impossibles aux autres. Nous en avions envie.

Pendant cinq ans, je n'ai pas compté mes heures, jamais regardé ma montre, ni les kilomètres qui s'accumulaient au compteur de ma voiture. Quand j'étais grippé, je pensais à la journée qui m'attendait et je n'aurais pas aimé quelle se fasse sans moi. Quand je finissais un rendez-vous en fin d'après-midi, je trouvais toujours le temps de repasser au bureau pour échanger avec lui sur la journée passée et pour préparer celle du lendemain.

Mais toutes les choses ont une fin. Ce manager est reparti dans sa province rémoise pour reprendre une entreprise locale. Il a été remplacé par un autre manager ... moins valorisant, moins exigeant, avec moins de projets et de passion pour le métier. Je suis parti quelques mois après, comme d'autres.

Il me reste aujourd'hui le souvenir de cinq très belles années avec un manager exemplaire. Je pense souvent à lui, à ce qu'il aurait fait dans telle ou telle situation. Il m'a beaucoup enrichi, beaucoup fait grandir.

À travers cette expérience, j'ai compris qu'il n'y a pas de performance durable sans management.

Et vous, qu'en pensez-vous ?
Bonnes réflexions.

# 34

# Les patrons ont-ils les pieds plus solides que les employés ?

Martin est préparateur de commandes depuis 17 ans chez Proctectphone, entreprise spécialisée dans la conception, la fabrication et la vente de housses de protection pour les portables... Du Nokia 3210 au dernier smartphone, l'entreprise se vante de pouvoir tout fournir. Le stockage des 8000 références est assuré dans un entrepôt de 5000 m². Depuis quelques années, le chiffre d'affaires est garanti essentiellement par Carchan, le numéro un de la grande distribution en Europe. Plus de 330 magasins à livrer deux fois par semaine. Pour la télévente, le jeudi est la grosse journée ! Les 330 Carchan commandent leurs housses pour une livraison impérative le samedi avant 6h, pour que les produits soient disponibles en rayon dès l'ouverture des magasins. C'est essentiel, le samedi représentant en moyenne 40% du CA de la semaine. Le vendredi matin, chez Protectphone, c'est le rush pour la logistique et particulièrement pour le service préparation de commandes. Tout doit être prêt à 15h00 lorsque les transporteurs viendront récupérer les palettes à livrer partout en Europe. Frédéric est le responsable de l'entrepôt. Le vendredi, la journée de travail commence deux heures plus tôt que le reste de la semaine. A quatre heures, les douze préparateurs de commandes sont déjà au boulot. Frédéric ne dort jamais bien dans la nuit du jeudi au vendredi craignant l'absence d'un préparateur. Même avec un surinvestissement des onze présents, les commandes ne seraient pas toutes honorées. Le contrat qu'ils ont signé avec Carchan est contraignant : chaque rupture, quelle qu'en soit la cause, occasionnera non seulement une perte de chiffre d'affaires pour Protectphone mais aussi des pénalités importantes en euros sonnants et trébuchants. Et trébucher, il n'en est pas question !

Aussi, un préparateur absent, c'est la quasi-certitude d'une pénalité évaluée à 5000 euros. Ça fait mal ! Deuxième raison du sommeil peu réparateur pour Frédéric : l'attitude de Martin. Depuis un mois, Martin, le plus ancien, le plus rapide et le plus expert des préparateurs de commande, a décidé que le port des chaussures de sécurité, pour lui, c'était comme le bonheur au Club Med : « Si je veux ! ».

Et il ne le veut pas beaucoup !

Frédéric n'a pas laissé faire. Il a déjà rencontré Martin à plusieurs reprises pour lui faire mettre ses chaussures de sécurité et remettre l'église au milieu du village. Frédéric a entendu de la part de Martin toutes les bonnes raisons qui selon lui justifieraient qu'il soit dispensé du port des chaussures de sécurité : « C'est laid », « C'est lourd », « J'ai lu une étude, c'est inefficace », « 17 ans que je les porte, ça ne m'a jamais servi », « Avant que tu arrives dans l'entreprise, ton prédécesseur nous laissait tranquilles avec ça. Il nous prenait pour des adultes, LUI », « Si tu m'obliges à les porter, je vais démissionner », « Ok, je les porte, mais ne me demande jamais un service, ce sera niet », « Je suis le meilleur préparateur, avec ou sans chaussures », « Le patron, quand il passe dans l'entrepôt, il ne les porte pas…Ses pieds patronaux seraient-ils moins fragiles que mes pieds d'employé ?… Le risque de l'accident serait-il moindre pour un dirigeant que pour un exécutant ? »…

Frédéric n'a pas lâché. Patiemment, il a rappelé l'exigence à Martin, en redonnant du sens, en traitant ses remarques. Mais Frédéric a compris qu'il était trop patient et surtout qu'il s'était trompé de combat en traitant, en « démontant » les justifications de Martin. Maintenant, il en est sûr, Martin teste très inconsciemment son courage managérial. En effet, Martin est un garçon intelligent et il est le premier à ne pas croire une demi-seconde à ses justifications pour légitimer l'absence des chaussures de sécurité. Frédéric s'en veut d'avoir été si naïf ! C'est décidé, la plaisanterie a trop duré, il faut qu'elle cesse. À la prochaine manifestation de « baronnite aigüe » du Sieur Martin, Frédéric saura se montrer beaucoup plus incisif. Tous les collaborateurs ont besoin de respecter leur boss. Certains le respecteront parce qu'il est bienveillant, d'autres parce qu'il est pédagogique, d'autres encore parce qu'il est réactif. Martin respecte son patron quand il est courageux et cohérent. Donc, il vient le « chercher » sur un sujet de sécurité non négociable. Martin a besoin d'être rassuré, Frédéric a décidé qu'il ne serait pas déçu dans sa quête.

Frédéric n'a pas eu à attendre longtemps…

Vendredi 4h05 du matin. Tous les préparateurs sont présents, un vrai soulagement. Frédéric aperçoit Martin au fond de l'entrepôt… Œil de lynx, il voit immédiatement qu'il ne porte pas ses chaussures de sécurité. C'était facile, Martin l'a un peu aidé : les chaussures de sécurité sont noires. Jusqu'à présent, lorsque Martin s'en dispensait, il portait des chaussures montantes sombres. De loin, ça pouvait faire illusion…Ce matin, Martin est chaussé d'Adidas Superstar blanches immaculées. A 25 mètres, leur blancheur éblouit les yeux encore un peu fermés de Frédéric. Manifestement, Martin a vraiment besoin d'un recadrage en règle, pas d'une leçon de morale, ni d'une agression verbale, juste un recadrage responsabilisant. Frédéric est préparé. Ça ne va pas saigner… ça va juste manager comme il le faut pour un collaborateur hors-jeu, aussi habile soit-il….en préparation de commandes autant qu'en provocation.

Frédéric s'approche de Martin très calmement et à voix presque basse, lui dit : « Salut Martin, tu arrêtes ce que tu es en train de faire et tu vas m'attendre en salle de réunion, je te rejoins dans cinq minutes. »

Martin : « Pourquoi ? »

Frédéric : « Pour affaire te concernant ». Puis en s'éloignant : « A tout de suite en salle de réunion ».

Lorsque Frédéric arrive à proximité de la salle de réunion, il aperçoit Martin à travers la cloison vitrée. Il est assis, mâchouillant ostensiblement un Malabar rose fluo, avec lequel il s'amuse à faire des bulles immenses. Frédéric est impressionné par ce talent qu'il ne connaissait pas à Martin mais il ne lui en parlera pas. Aujourd'hui, c'est hors sujet. On ne mélange pas un acte d'autorité avec une valorisation sur un sujet aussi essentiel que les bulles de Malabar !

Frédéric entre dans la salle de réunion et s'assoit à proximité de Martin : « Martin, si je t'ai demandé de venir m'attendre dans la salle de réunion, c'est pour te faire part de mon observation. Tu ne portes pas tes chaussures de sécurité. C'est la quatrième fois que l'on se voit en moins de 5 semaines à ce sujet ».

Le constat a été énoncé sans aucune colère.

Martin aime se défendre et il ne se gêne pas pour le faire. Les justifications maintes fois énoncées sont reprises avec encore plus de force. Mais Frédéric ne réagit pas. Il écoute comme on se doit d'écouter la plaidoirie d'un avocat durant un procès. Sauf s'il dérape sur la forme, l'avocat a le droit de s'exprimer sans être interrompu. Frédéric écoute patiemment sans signe de distraction pour ne pas être accusé par Martin de « s'en foutre ». Il écoute passivement : il n'interrompt pas, ne relance pas, ne questionne pas…ne prend pas de note.

Dix minutes sont passées. Martin a chanté plusieurs fois ses justifications. D'abord un extrait du 45 tours, puis le 45 tours en entier, la version maxi et enfin la version extended « special Ibiza night dance floor ».

Frédéric n'accorde aucune importance à ce qu'a dit Martin. D'abord, parce que tout avait déjà été dit dans les entretiens précédents et surtout parce que Martin ne communiquait que pour expliquer qu'il avait raison. Frédéric, expérimenté, attendait patiemment que la logorrhée verbale de Martin s'assèche. Frédéric savait que pour être écouté sur le sujet qui le préoccupait – la légitimité de Martin dans l'entreprise -, il fallait qu'il gagne la disponibilité de son ouïe et de sa mémoire. Son ambition n'était pas d'atteindre son intelligence mais juste de graver sur son disque dur les propos qu'il avait préparés minutieusement. L'écoute passive des arguments de Martin était le prix à payer pour ensuite pouvoir lui parler sans être interrompu.

Frédéric était décidé à faire comprendre à Martin que si ses hors-jeux étaient en plâtre, la détermination de l'entreprise à faire respecter les exigences non-négociables était en béton armé. Tôt ou tard, Martin, s'il récidivait, ne bénéficierait plus du matelas protecteur posé par l'entreprise sur le mur en béton pour qu'il ne se fasse pas trop mal.

> \- Martin, écoute-moi attentivement et jusqu'au bout. J'ai très peu de choses à te dire et je ne les dirai qu'une fois. Cinq semaines et quatrième entretien pour évoquer le même sujet. Je te fais part de mon extrême inquiétude quant à la possibilité que nous puissions continuer à travailler ensemble.

Frédéric sait que dans ces cas-là, le silence vaut tout autant que les paroles. Aussi, après avoir dit l'enjeu de sa démarche, il s'arrête, silencieux, en fixant Martin dans les yeux. Interminable ! Pas pour Frédéric, qui s'y est préparé, mais pour Martin qui le subit. Aucun sadisme de la part de Frédéric, juste une mise en scène pour aider Martin à comprendre la gravité de l'instant. Frédéric se force à garder le visage le plus neutre, le plus froid, le moins expressif possible. Il ne veut donner aucune accroche à Martin, juste le laisser « faire un peu d'huile ».

\- De mon côté, j'aimerais poursuivre la collaboration avec toi sous certaines conditions. L'une d'elle est piétinée : la confiance. Pour moi avoir confiance en toi, c'est être certain, que je sois présent ou absent, tu appliques les gestes fondamentaux. Cette confiance aujourd'hui est à son niveau minimum. Que mon rôle soit de contrôler, oui bien sûr, mais en aucun cas de me transformer en caméra 24/24 !

Voilà ce qui va se passer : tu ne vas pas reprendre ton poste et dans 10 minutes tu auras quitté l'entreprise et ta journée te sera payée. Demain, tu termines à 17h, je te donne rendez-vous demain à 16h55. Et là, je te poserai une seule question à laquelle tu n'auras que deux possibilités de réponse : « oui » ou « non ». La question, la voici : Martin, est-ce que « oui » ou « non », tu t'engages à appliquer les fondamentaux de cette entreprise et de ton métier, que je sois présent ou absent. Deux possibilités : demain, tu es calme, tu me laisses te poser la question et tu me réponds « oui ». Ce sera parfait. Mais sache que si ton « oui » n'est pas incarné parfaitement dans les faits, je te reverrai mais pour te ramener parmi nous. La deuxième possibilité, ce sont toutes les autres situations et je saurai les traduire par « non »: tu viens en retard, tu ne me laisses pas te poser la question, tu réponds « J'ai pas l'choix » « Si ça t'fait plaisir », tu ne te présentes pas... Ou, plus simplement, tu réponds « non ».

Martin rougissait, il semblait avoir chaud dans cette salle de réunion pas chauffée. Probablement aurait-il eu froid si elle l'avait été à 25 degrés. On ne se sent jamais bien lorsqu'on est recadré légitimement et avec respect.

Frédéric sentit que Martin voulait s'exprimer, alors il se tut.

- « Si demain je réponds « non » à ta question que se passera-t-il ? » L'intonation pouvait laisser penser que Martin crânait. Mais Frédéric ne s'y trompait pas. Martin flippait et il voulait connaître les conséquences d'une rébellion.
- Je ferai ce qu'un manager doit faire lorsqu'un de ses collaborateurs s'oppose en faits et en paroles à une exigence absolue, mais je n'anticipe pas ce que je ne désire pas. Car mon

désir, c'est de poursuivre avec toi, mais pas dans n'importe quelle condition !

- Tu ne me vireras jamais ! De toute façon j'irai au prud'homme. Et en plus, vous ne pouvez pas vous passer de moi.

- Martin, si un jour nous jugeons qu'il est nécessaire de se séparer d'un collaborateur, nous le ferons du mieux possible. S'il décide de nous poursuivre au prud'homme, il est parfaitement libre de le faire. Lorsque nous pensons être justes sur le fond et la forme, nous ne craignons pas les décisions des tribunaux. Et même si nous étions condamnés à payer des dommages et intérêts, nous savons que le montant sera toujours moins important que ce que coûte un collaborateur hors-jeu dans l'entreprise.

Sans toi la journée va être plus difficile, mais nous ne prenons pas le risque d'un accident pour une performance court terme. On ne va pas hypothéquer l'avenir de l'entreprise pour éviter une journée de galère. Ce serait un calcul lâche. Martin, le sujet n'est pas le licenciement mais ton positionnement. En fonction de celui-ci, nous ferons ce que nous devons faire. Chacun son job et ses responsabilités. »

- Rien à foutre, demain je répondrai « non » à ta question à deux balles.

- Ok Martin. J'entends, mais je ne mémorise pas. Demain en revanche, je prendrai ta réponse comme étant définitive. Bonne réflexion.

Frédéric quitta la pièce en laissant Martin. Comme il l'avait prévu, il n'avait pas atteint l'intelligence de Martin. Toutes ses réactions immatures en étaient la preuve irréfutable. Martin, habituellement fin d'esprit s'était transformé en sumo durant l'entretien. Frédéric sait que rien ne vaut un nuit d'insomnie pour remettre un peu de bon sens dans un cerveau momentanément en vrille.

Quelques minutes plus tard, le temps de reprendre un peu de constance, Martin quitta discrètement la salle de réunion puis l'entreprise.

Il n'était que 4h20 du matin. Martin ne voulait pas rentrer chez lui. Surtout, il ne le pouvait pas car sa femme lui demanderait des explications. Et ça, il n'y tenait pas du tout du tout du tout ! Alors, il resta dans sa voiture à écouter en boucle les journaux de France Info. Son esprit était tellement préoccupé par les évènements de son monde qu'il n'entendait, ni ne retenait les évènements du monde répétés en boucle par les journalistes…

En fin de matinée, il décida d'aller s'enfermer dans une salle de cinéma. Il prit un billet pour le premier film programmé. À 14h00 enfin, il rentra chez lui comme si de rien n'était. Martin oubliait juste une chose. La femme qui partageait sa vie depuis plus de 20 ans n'était pas une lapine de six semaines :

-       Ça ne va pas Martin ?

-       Si si, ça va très bien ! », répondit Martin agressivement.

        -   Ok…donc ça ne va pas. Que se passe-t-il ? C'est au boulot ?

Dans les grandes lignes Martin expliqua la situation à sa femme, qui intelligemment se contenta de l'écouter. Il omit quelques détails dont il n'était pas très fier comme sa journée en voiture et au cinéma. En revanche, il prit son temps pour expliquer à sa femme que si on cherchait le manager le plus con in the world, il fallait arrêter les recherches. Frédéric méritait la palme bien loin devant son outsider.

- Martin ? Que vas-tu faire demain ?
- Demain ? J'suis pas une fiote ! Je vais lui dire non, droit dans les yeux. Y m'fait pas peur, ce minable. En plus j'ai l'âge d'être son père !
- Martin…fais pas de conneries !


Martin ne dormit pas. Sa journée de travail, le samedi, commençait à 8h. Il arriva, chaussé de ses chaussures de sécurité, à 7h30. Lorsqu'il vit Frédéric garer sa moto, il se précipita vers lui :
- Frédéric, j'ai besoin de te voir.
- Tu me laisses deux minutes. Le temps de saluer les personnes présentes. Tu me rejoins dans mon bureau à moins le quart.
Après un quart d'heure d'attente interminable, Martin frappa à la porte du bureau de Frédéric, qui lui fit signe d'entrer en se levant pour l'accueillir.
- Assieds-toi, Martin. Je t'écoute.
- La réponse est « oui ». J'arrête de jouer au con.
- Martin, pour ce sujet très important, nous avons rendez-vous à 16h55 car je veux que tu profites vraiment de ton délai de réflexion.


Martin aurait tellement aimé que Frédéric accepte son « oui » ! Un besoin vital de se sentir léger, libre et en sécurité. Avec son « oui » dans sa poche et non pas dans celle de Frédéric, Martin se sentait comme un petit garçon.

16h55. Enfin ! Martin frappe à la porte de Frédéric, qui vient lui ouvrir. Manifestement, Frédéric ne veut pas perdre son temps ; il reste debout.

- Martin, désires-tu continuer à travailler dans ce service en respectant les consignes fondamentales ? Oui ou non ?

- Oui.

- Martin, si ton oui ne s'incarne pas durablement dans tes actes, je saurai interpréter la situation et en tirer les conséquences. Je ne te reverrai pas une fois de plus. Bonne soirée.

Frédéric a ouvert la porte. Martin est sorti.

Deux ans ont passé, Martin n'a plus franchi la ligne. Lors de son dernier entretien annuel d'évaluation, Frédéric lui a proposé une mission complémentaire : l'accueil des intérimaires, des CDD et des nouveaux embauchés. Martin a accepté. Chaque mois, il anime une causerie sur le thème de la sécurité :

- J'vous préviens, ici on joue pas au con avec la sécurité. Alors, c'que j'vais vous montrer, y'a pas à s'poser d'question, on l'fait tout le temps. Sinon, ça va dégager !

Martin manque sans doute d'un peu de pédagogie dans l'art de passer les messages… Mais les messages semblent bien passer quand même !

Et nous, avons-nous réfléchi à la manière dont nous pourrions gérer un collaborateur comme Martin ? Sommes-nous prêts à envisager l'exclusion lorsque, par des comportements hors-jeu à répétition, un collaborateur dégrade la performance et la cohésion de l'entreprise ? Sommes-nous toujours conscients du pouvoir d'attraction, pour certains collaborateurs, d'un « baron » qui a réussi à imposer ses règles à l'entreprise ? Sommes-nous pétris d'une certitude : exclure l'exclusion est la meilleure manière de fabriquer nos barons, envisager l'exclusion est le meilleur moyen de ne pas les créer ?

Et vous, qu'en pensez-vous ?
Bonnes réflexions.

# Épilogue

## 374 moutons et un consultant

Voici une réponse imagée à une question que l'on nous pose parfois, souvent le vendredi soir, au bar du TGV, lorsque les contacts avec les voyageurs sont facilités par la semaine terminée et les degrés de la bière ou les bulles du coca : « C'est quoi un consultant en management ? »

Pour répondre à cette question, voici une histoire.

Un consultant en management se promène un dimanche après-midi au volant de sa voiture. Au détour d'un virage, il aperçoit un immense champ. Sur ce champ des centaines et centaines de taches blanches se meuvent. Se rapprochant, il reconnaît des moutons. Fronçant les yeux, il discerne au milieu de ce beau troupeau, un béret et sous ce béret un berger. Curieux, comme un consultant, il décide d'aller à la rencontre de ce berger pour l'écouter parler de son métier, de ses joies, ses réussites, ses projets, ses difficultés…Et qui sait ? Peut-être y-a-t-il une formation en management à vendre aux moutons ? Notre consultant ouvre la barrière du champ et y rentre rapidement son véhicule, puis toujours vélocement, il referme la barrière avant qu'un mouton ne s'échappe. Il remonte dans sa voiture et roule doucement, sur un chemin approximatif, sur une centaine de mètres pour rejoindre le berger. Notre consultant n'est ni sportif, ni écolo. Le berger, surpris, mais heureux d'un peu de visite, accueille chaleureusement le consultant en lui offrant un verre de lait tiède de brebis. Soudainement, le consultant propose un pari au berger : « Vous me laissez une minute, et je vous dis, à l'unité près, le nombre de moutons et de brebis dans votre troupeau ! Si je gagne, je repars avec le mouton qui me plaira. »

Le berger surpris et amusé par ce pari original, décide de l'accepter. En effet, il est certain de ne pas avoir donné cette information durant leur demi-heure d'échanges…De plus, les moutons gambadent gaiement, aussi, impossible de les compter ! Le consultant n'est pas dans son lit en train de chercher le sommeil…

Le consultant remonte dans sa voiture, appuie sur quelques boutons et une parabole sort de son toit. Les doigts du consultant s'agitent sur son clavier d'ordinateur. Puis, après avoir rentré quelques données essentielles dont l'âge du berger et la hauteur en centimètres de l'herbe de la prairie, un chiffre s'affiche sur son écran : 374.

- Monsieur le Berger, je sais que vous avez 374 moutons et brebis dans votre troupeau.

Le berger est estomaqué ! La réponse est rigoureusement exacte. Le berger est aussi honnête : « Monsieur le Consultant, vous avez raison. Au dernier recensement de mon troupeau, je suis arrivé également à ce résultat. Je vous laisse choisir le mouton qui vous plaira.

Souriant et content de lui, le consultant se promène dans le champ, puis jette son dévolu sur une bête, qu'il s'empresse d'enfermer dans son coffre de voiture. Puis, il salue le berger et redémarre son automobile. A peine a-t-il roulé quelques mètres, que le berger, l'ayant rattrapé, frappe à sa vitre. Le consultant s'arrête, ouvre sa portière. Le berger lui dit : « Avant de partir, laissez-moi la possibilité de regagner ma bête. Je vous propose de deviner quel est votre métier. Si je réussis, je récupère ma bête.

Le consultant ne peut qu'accepter. Il sait que durant leur échange, toute la discussion s'est portée sur le métier du berger et que lui n'a rien dit du sien. Le risque est donc minime. Et il doit bien sa revanche au berger. C'est fairplay. « Ok, banco Sergio, j'accepte illico ! »

Le berger démuni de parabole, d'ordinateur et autres gadgets modernes, lui déclare spontanément : « Vous êtes consultant en management. »

Dans son métier, le consultant en management a appris à ne jamais avoir l'air étonné. Pour ne pas sembler tomber du nid… Ne pas avoir l'air étonné, surtout lorsque les propos des clients sont étonnants et parfois détonants. Mais là, impossible de cacher son étonnement… Ses yeux et sa bouche s'ouvrent autant que ceux de mon fiston découvrant une note supérieure à dix dans son bulletin trimestriel !

- Vous avez raison. Je suis consultant en management.

Le consultant presse sur un bouton, le coffre s'ouvre et la bête percevant que sa garde à vue bien injuste et arbitraire prend fin, s'éloigne à grandes empattées de ce lieu de séquestration bien inconfortable.

- Monsieur le Berger, ne me laissez pas partir sans m'expliquer comment vous avez deviné ma profession.

- Mais bien volontiers, Monsieur le Consultant. Pas très difficile. Deux indices et une preuve. Premier indice : vous êtes venu chez moi sans que je vous y invite. Deuxième indice : vous m'avez fait payer très cher - une bête de mon troupeau - , une information que je connaissais déjà : le nombre de bêtes composant mon troupeau. Et enfin, la preuve… La bête que vous aviez choisie et enfermée dans votre coffre, ce n'était pas un mouton…mais mon chien !

Bien sûr, l'intention de cette petite histoire n'est pas de dénigrer notre propre métier mais plutôt de souligner deux points :

· Il n'est jamais mauvais de connaître –reconnaître – les propres limites de son métier, de savoir prendre un peu de recul sur les enjeux et d'être réaliste sur les effets de notre action. Nous ne sommes ni magiciens, ni thaumaturges.

· Ensuite, nous voulons garder à l'esprit que quel que soit le sérieux avec lequel nous faisons notre travail, sérieux n'est pas tristesse. On peut faire son travail avec conscience et sérieux en restant positif, avec un peu de dérision et d'autodérision et en gardant à l'esprit que cela peut, pardon, DOIT se faire dans la joie et le plaisir.

Et c'est vrai pour tous les métiers.

Qu'en est-il pour le vôtre ?

Et vous, qu'en pensez-vous ?
Bonnes réflexions.

# Sommaire

# Index thématique

# Remerciements

Un grand merci à Rémi, vieil ami et complice professionnel. Nos échanges sans concessions sont toujours pour moi d'une grande aide.

A Mary qui partage ma vie et qui a su me soutenir et m'encourager dans l'élaboration de ce livre par sa présence et sa patience.

A mes enfants, Camille, Perrine, Maxime et Louison qui me donnent si souvent des illustrations vivantes de la difficulté d'être un manager parental. Ils savent l'amour inconditionnel que j'ai pour eux.

A mes clients et aux participants des formations qui me nourrissent de leurs expériences.

A Evelyne pour sa relecture précise.

Et un remerciement particulier à Serge et Véronique amis et infographistes talentueux.

À paraître en 2017 :

*Ma chérie, il manquait trois minutes de cuisson pour que ton gratin soit parfait*

*Réflexions sur le management*
*Tome 2*

Dépôt légal 21 avril 2016

ISBN : 9782322076482